CANALE DE M

CANALE CHE corre

ADRIATIC SEA
or
GULF OF VENICE

Plan of the
ENVIRONS of VENICE,
Shewing the Lagunes.
&c. &c. &c.

BOCCA DELLA
MAGDICOBOLA

MAGAZZENI
BORROMEI
TAVALE

NOVISSIMA GRANDE

PIAZZA S. MARIA
formosa

DOGANA
DEL MARE

ARSENALE
NUOVO

VILLA NUOVA

CANALE DELLA
GIUDECA

CANALE DI

S. Elena

C. DELLA GRAZIA

CANALE ORFAN

W0230948

mare

Für Nicholas, Julia, Isabella, Henri und Jacob

Louis Begley · Anka Muhlstein

Unser Venedig

Aus dem Amerikanischen von Christa Krüger
und aus dem Französischen von Grete Osterwald

mare

Die Deutsche Bibliothek verzeichnet diese Publikation
in der deutschen Nationalbibliografie; detaillierte bibliographische
Daten sind im Internet unter http://dnb.ddb.de abrufbar.

Die Proust-Zitate in *Romane und Venedig* (mit leichten Anpassungen
an Louis Begleys Übersetzung ins Englische) stammen aus:
Marcel Proust, *Auf der Suche nach der verlorenen Zeit, Bd. 6, Die Flüchtige,*
aus dem Französischen übersetzt von Eva Rechel-Mertens, revidiert von
Luzius Keller und Sibylla Laemmel, Frankfurt am Main, 2001.

Neuausgabe
© 2003, © 2015 by mareverlag, Hamburg
© 2003 by Louis Begley & Anka Muhlstein
Alle Rechte vorbehalten,
auch das der fotomechanischen Wiedergabe

Lektorat Jana Hensel, Berlin, und Denis Scheck, Köln
Typografie Farnschläder & Mahlstedt, Hamburg
Schrift Stempel Garamond und Linotype Syntax
Druck und Bindung CPI, Clausen & Bosse, Leck
Printed in Germany
ISBN 978-3-86648-238-8

www.mare.de

Inhalt

Louis Begley

Der Königsweg nach Venedig

Der Königsweg nach Venedig, sagte Lilly, ist in einer Gondel. Alles andere wäre ein Frevel. Eine Gondelfahrt vom Bahnhof zu deinem Hotel, ich finde, damit tust du der Stadt und dir Genüge. Ich sollte dir dazu sagen, dass keine geringere Autorität als Thomas Mann da anderer Meinung ist. Jedenfalls war er anderer Meinung, als er den *Tod in Venedig* schrieb. Dort steht, dass auf dem Bahnhof in Venedig ankommen einen Palast durch die Hintertür betreten hieße. Er schrieb, man müsse zu Schiff, über das hohe Meer anlangen, sodass der Dogenpalast, die Seufzerbrücke und die Säulen mit dem geflügelten Löwen und St. Theodor wie durch Magie aus dem Wasser auftauchen. Ich frage mich, ob er heute immer noch so denken würde, da man einfach nicht mehr mit dem Schiff nach Venedig fährt, es sei denn, man schätzt Kreuzfahrten und Gruppenreisen.

Zur fraglichen Zeit hatte ich Thomas Manns Novelle noch nicht gelesen, obwohl *Der Zauberberg* einer meiner Lieblingsromane war. Ich las ihn im Sommer nach meinem Highschool-Abschluss. Ich wollte Geschichte studieren und war fest entschlossen, Militärhistoriker zu werden. Eine Englischlehrerin, die wusste, wie sehr mich der Erste Weltkrieg und sein langes, bis zur Schlacht von Königgrätz zurückreichendes Vorspiel interessierte, sagte mir, Thomas Manns Roman liege ganz auf meiner Linie; und damit hatte sie sehr Recht. Jetzt stand ich kurz vor meinem Abschlussexamen am Harvard College, und meine Passion für Militärgeschichte hatte nicht nachgelassen. Als ich Lilly meine Bildungslücke gestand, lachte sie und sagte, hast du ein Glück. Auf dich warten zwei ganz besondere Genüsse. Die erste Begegnung mit dem Leben in Venedig und dem *Tod in Venedig*. Über das Wortspiel lachten wir beide. Ich gebe dir das Buch mit, dann kannst du es im Zug lesen, fuhr sie fort. Im Nachtzug von Paris nach Venedig. Einen Liegewagenplatz wirst du dir nicht kaufen, denke ich mir, also wirst du in der Nacht nicht schlafen. Der Bahnhof ist direkt am Canal Grande. Dort warten Gondeln. Du gibst dem Gondoliere deinen Koffer, sagst ihm den Namen deines Hotels oder reichst ihm am besten einen Zettel mit Namen und Adresse und ruhst dann wie ein König in den roten Plüschpolstern. Aber pass auf, dass dir nicht die Augen zufallen. Das herrlichste Schauspiel der Welt, ein Märchenland gotischer Architektur wird an dir vorübergleiten. Wenn dir dann allmählich klar wird, dass du am liebsten für immer so weiterfahren würdest, wird die Gondelpartie leider schon zu Ende sein. Die Gondel wird an ein paar glitschigen, algenüberwachsenen Steinstufen anlegen, die den *rio* an diesem Abschnitt des Seitenkanals unterbrechen. Bis zu deinem Hotel sind es nur ein paar Meter.

Natürlich dachte Lilly nicht einen Augenblick, sie müsse den berühmten deutschen Schriftsteller in unsere Unterhaltung einflechten, um ihren Worten Autorität zu verleihen. So redete sie eben manchmal, immer dann, wenn sie ihre Rolle spielte, wenn sie auftrat als Tochter des Lehrstuhlinhabers am Englischen Seminar der Universität Harvard, eines mürrischen Menschen, der seinen berühmten Kurs über Chaucer für Studienanfänger seit Menschengedenken unterrichtet hatte – manche behaupteten, schon seit Chaucers Zeit –, als Muse und meist anonyme Schirmherrin des Poets' Theater und als mein *cicerone* durch Kultur und Gesellschaft. Ich muss sagen, dass ich die weltgewandten Ratschläge und Rügen, die sie so freigebig spendete, geradezu gierig und blindlings annahm, so bitter sie mir auch manchmal schmeckten. Kein Aspekt meiner Person oder meines Verhaltens war zu trivial für Lillys Aufmerksamkeit und ihre Kommentare, und ich war überzeugt, alles sei nur zu meinem Besten. Ich will nicht behaupten, dass sie meine Mutter in den Schatten stellte – die arme Frau hat sicherlich getan, was sie konnte, und das, obwohl sie sich auch um meine drei jüngeren Schwestern kümmern musste und um meinen Vater, der von einer Depression in die nächste fiel –, aber nie hatte mich jemand so genau geprüft oder mit so vielen Verhaltensregeln bedacht wie Lilly. Diese Regeln zielten abwechselnd auf meine Diktion, meine Tischsitten und Kleider oder die Lücken in meinen Literatur-, Kunst- und Musikkenntnissen. Für mich blieb nur die Frage offen, ob mein Leben sich irgendwann in nebelhafter Zukunft auf einem derart hohen Niveau bewegen würde, dass solche Regeln auch zur Anwendung kommen konnten. Außerdem war ich in Lilly verliebt – und in all die Dinge, die sie hatte und die ich nicht nur nicht besaß, sondern bis vor kurzem auch für vollkommen unerreichbar gehalten hatte.

Auch war ich wie besessen von ihrem Körper, obwohl ich damals noch nicht viel bei ihr erreicht hatte: Ich durfte ihren Mund küssen, wobei unsere Zungen sich in eifriger Kommunikation begegneten, ich durfte an ihren Brüsten saugen – allerdings nicht immer –, Lilly innen an den Oberschenkeln streicheln und bei bestimmten seltenen Gelegenheiten, wenn sie nach dem Dinner mehr Whiskey als normalerweise getrunken hatte, auch von außen durch ihr Höschen hindurch den Venushügel und die Schamlippen kneten. Da sie altmodische Höschen mit angeschnittenem Bein trug, die außer dem üblichen Gebiet auch noch sechs bis acht Zentimeter vom Schenkel umschlossen, führte das Fummeln unter dem Stoff nach innen nicht recht zum Ziel, es sei denn auf dem Weg von der Gürtellinie abwärts, und das war eine Initiative, zu der mich damals nichts ermutigt hatte, die ich also nicht wagte. Ihren Venushügel hatte ich wegen dieser Unterwäsche noch nie gesehen, aber in meiner Phantasie war er blond wie Maisseide und kraus wie Engelshaar auf einem Babykopf.

Gerade die Mischung aus Schönheit und kleinen Mängeln bei Lilly machte mich buchstäblich schwach: ihr Mund mit den schön geschwungenen Lippen und den leicht vorstehenden Zähnen, die sich auf meiner Zunge fast schartig und scharf anfühlten, ihre Brüste, über die sich eine ganze Milchstraße aus Sommersprossen zog, und ihre Oberschenkel. Diese Schenkel verdienen besondere Erwähnung: Sie waren plump, was mich überhaupt nicht abstieß; sehr kräftig, weil Lilly eine trainierte Reiterin war, und, gegen Ende der Zeit zwischen zwei Enthaarungsmaßnahmen, stachelig. Ich wusste, dass diese plumpen, stacheligen Schenkel keine Qualifikationsmerkmale eines Pin-up-Girls waren und dass Lilly sich ihrer schämte. Aber für mich bedeuteten die Stoppelhaare Heimlichkeit. Wenn ich mit der Hand darüber strich, war die Rauheit ein weiteres Zeichen dafür, dass ich mich im Vorhof zum Allerheiligsten befand. Die Plumpheit ihrer Oberschenkel und ihres Hinterteils gehörte unbedingt zu meinen Tagträumen von der Besteigung Lillys.

Als ich mein Abschlussexamen am College machte, war ich jung, erst zwanzig. Sie war fünf Jahre älter als ich und hatte am Radcliffe studiert. Danach war sie ein paar Jahre in Europa gewesen und hatte erst bei der *Herald Tribune*, dann bei *Time* eine Teilzeitstelle gehabt. Eine üble Brucellose, die sie sich in den Skiferien in Zermatt geholt hatte, zwang sie, nach Cambridge zurückzukehren. Sie wurde wieder ganz gesund, bis auf gelegentliche Anfälle von Erschöpfung, und hatte eine Vormittagsstelle im Büro der Studienförderung; dort hatte ich häufig zu tun, so häufig, dass ich es wagte, sie auf eine Tasse Kaffee einzuladen. Meine Besuche in diesem Büro hingen mit dem Erlass der Studiengebühren am Harvard College zusammen und neuerdings auch mit meinem Stipendium für ein zweijähriges Aufbaustudium an einer europäischen Universität, das ich nach dem Examen erhalten hatte. Mit diesem Stipendium konnte ich einen Sommer lang eine Reise durch Europa finanzieren, wo ich noch nie gewesen war. Venedig wurde mein erstes Reiseziel, als Lilly mir erklärte – mit sinnlich träger Stimme, denn meine Hand befasste sich gerade mit ihren Schamlippen –, sie werde gegen Ende Juni dort sein. Vielleicht könnten wir uns da treffen, murmelte sie. Ich bin eine gute Reiseführerin.

Diese Liebesübungen fanden auf einem Sofa in Lillys Wohnung am Memorial Drive statt, abseits von meinen Zimmern im Collegehaus und dessen Anstandsregeln über Damenbesuche. Lilly hatte Geld aus einem Trust, den ihr Großvater mütterlicherseits, ein erfolgreicher Erfinder, eingerichtet hatte. Das Geld gab ihr eine Art von Freiheit, die ich noch nie aus nächster Nähe gesehen hatte. Sie nahm sich ungefähr so aus: Lilly machte, was sie wollte, ob es nun darum ging, ein Apartment in diesem zitadellenartigen Gebäude zu mieten und zu möblieren oder ein kleines schwarzes Cabrio zu kaufen, weil sie fand, es sehe hübsch aus und passe gut zu ihren Haaren, oder anzukündigen, sie werde Ferien in Europa machen oder dem Poets' Theater eine Inszenierung von *Sechs Per-*

sonen suchen einen Autor finanzieren. Ungefähr war mir schon klar, dass manche Studenten in meinem College aus sehr reichen Familien kamen; und dass das einen Unterschied machte, konnte ich an ihren Kleidern sehen, die oft maßgeschneidert waren und aus einem Atelier in der Mt. Auburn Street stammten, in dessen Schaufenster ich verstohlene und bewundernde Blicke warf, oder auch an ihren Weihnachtsreisen auf karibische Inseln; aber wirklich verstehen konnte ich diesen Unterschied nicht, dazu stand ich ihnen zu fern und hatte keinen Zutritt zu den College-Clubs, in denen sie, so malte ich mir aus, solche Dinge besprachen. Nun erfuhr ich praktisch aus erster Hand, wie die Reichen ihren Reichtum nutzten. Für einen Stipendiaten aus einer Kleinstadt in New Hampshire waren dies bedeutungsträchtige Lektionen.

Ich besuchte Lilly manchmal nachmittags zur Teezeit nach ihrem Mittagsschlaf, aber meistens zum Abendessen. Sie kochte gern, ihre Spezialitäten waren Lammkoteletts, Kalbsleber, Hühnerleber, Stangenbohnen und Spinat. Wenn ich es mir leisten konnte – gewöhnlich, wenn ich gerade mein Geld von den Eltern eines Highschool-Schülers, dem ich Nachhilfestunden gab, bekommen hatte –, brachte ich eine Flasche Wein mit und hoffte, er werde Gnade vor Lillys Augen finden, das heißt weder als untrinkbar noch als absurd teuer getadelt werden. Schien mir die Zeit reif, dirigierte ich uns zum Sofa. Saßen wir dort, lasen wir Gedichte, die sie aussuchte und mich interpretieren ließ. Während wir uns über die Buchseite beugten, fand mein Arm nach und nach den Weg zu ihrer Taille, und meine Hand umschloss ihre Brust. Oder ich fing an, ihr Beine und Knie zu streicheln. Wenn sie meine Hand nicht wegschob, kam ich schnell zur Innenseite ihrer Oberschenkel. Das kupplerische Buch landete mit der aufgeschlagen Seite nach unten auf dem Couchtisch. Dieses Spiel konnte leicht zwei Stunden dauern, mit gelegentlichen Unterbrechungen, wenn neue Drinks geholt – nach dem Abendessen trank sie gern starke Whiskey-Sodas mit Eis bis zum Glasrand – oder Platten auf dem Plattenspieler gewechselt werden mussten, und auch wegen der nach erheblicher Flüssigkeitszufuhr allfälligen Gänge zum Bad. Lilly war gewöhnlich passiv, schloss die Augen und überließ sich meinen Zärtlichkeiten. Ihre einzige Geste für mich bestand darin, dass sie mein Glied mitsamt den Stoffschichten meiner Hose und Shorts ergriff und drückte, als wolle sie seine Härte prüfen. Sie sagte dann, meinem kleinen Mann müsse man zu seiner Geduld gratulieren. Für den kleinen Mann kann ich nicht sprechen; ich ächzte vor Verlangen, dass ihre Hand an meinem Penis bliebe und mir das Zeichen zum Kommen gäbe, aber wann immer ich ihr andeutete, was ich mir wünschte, schüttelte sie immer nur den Kopf und sagte, nein, das habe sie nicht vor. Es war klar, dass ich gut daran tat, mich zu beherrschen. In meiner Hose zu kommen, wie es mir oft mit anderen Mädchen passiert war, hätte nur meinen Status und meine Aussichten verringern können.

Ich dirigierte sie, habe ich gesagt, und so schien es mir

damals auch meistens zu sein, aber wenn ich heute darüber nachdenke, bin ich mir gewiss, dass es umgekehrt
war. Sie führte bei unseren Spielen Regie. Ihr gefiel Sex ohne die mit Sex verbundenen Unsicherheiten. Ich wusste,
einmal pro Woche, manchmal öfter, hatte sie richtigen Sex,
ganz ohne unsere Spielchen, mit einem hochangesehenen
Fakultätsmitglied, einem Wissenschaftsphilosophen, der
mit der besten Freundin ihrer Mutter verheiratet war.
Diese Beziehung wolle sie beenden, behauptete Lilly, da
der Philosoph – so ihre Worte – sie nur benutze wie eine
öffentliche Bedürfnisanstalt. Sie hatte sich auch mit einem
hohen französischen Staatsbeamten eingelassen – seinen
Namen wollte sie nicht nennen –, der eine große Zukunft
vor sich sah. Ich hatte den Eindruck, dass sie ihn liebte
und dass ihre Ferien in Europa, von deren Stationen außer Venedig sie mir anscheinend nichts verraten wollte,
ihren Kontakt mit diesem Mann wiederherstellen sollten.
Als ich fragte, ob sie ihn heiraten wolle, antwortete sie, sie
wolle schon, sei aber ganz und gar nicht sicher, ob es auch
in seiner Absicht liege. Zum einen sei sie Amerikanerin,
was sich für seine Karriere im Staatsdienst vielleicht nicht
günstig auswirke; zum anderen sei sie nicht reich genug.
Seine Situation und seine Ambitionen verlangten eine
außerordentlich glänzende eheliche Verbindung. Diese
Information verblüffte mich. Ich war zu der Überzeugung gekommen, dass Lilly den Gipfel des Chic darstellte, und sie schien über reichlich Vermögen zu verfügen.
Als Einzelkind würde sie nach dem Tod ihrer Eltern zu-

dem mit hoher Wahrscheinlichkeit an noch mehr Geld kommen.

Meine Affäre mit ihr erreichte im Mai, dem letzten Monat des akademischen Jahres, eine neue Hochebene – in den Ausläufern, kaum oberhalb der Baumgrenze der Sex-Alpen. Wir saßen nach einem verspäteten Start auf dem Sofa. Es war nach elf. Lilly sagte, ich solle nach Hause gehen. Sie sei müde und müsse ins Bett. Ich sagte, nimm mich doch mit, und fingerte an ihren Brustwarzen, so, wie sie es nach meiner Erfahrung gern hatte. Zuerst sagte sie, auf keinen Fall, und dann sagte sie, ja, ich könne mit in ihr Bett kommen und über Nacht bleiben, aber mein kleiner Mann habe keine Chance, er müsse sich aus ihr heraushalten. Ich dürfe sie weiter streicheln, und ich würde ihr ein Märchen erzählen müssen. Damit sie besser einschlafen könne. Das Zubettgehen dauerte eine Weile. Lilly duschte und traf hinter der geschlossenen Tür ihres Badezimmers weitere verborgene Vorkehrungen, um schließlich nach Seife und Zahnpasta duftend, mit feuchtem, sorgfältig gebürstetem Haar wieder zu erscheinen, in einem dunkelroten Seidenpyjama, der grandioser war als alle Kleidungstücke dieser Sorte, die ich je gesehen hatte. Sie sagte, ich solle auch unter die Dusche gehen, und sie habe mir eine neue Zahnbürste auf den Waschbeckenrand gelegt. Ich tat wie geheißen, wagte aber nicht, mich nackt im Schlafzimmer wiedereinzufinden, und kam nicht auf den Gedanken, zu einer Zwischenlösung Zuflucht zu nehmen, zum Beispiel mir ein Handtuch um die Taille zu wickeln. Im technischen Sinn war ich noch jungfräulich und schüchtern. Mein Penis war zwar schon seit dem dritten Highschool-Jahr von verschiedenen Freundinnen mit Händen, Zunge und sogar mit dem Mund bearbeitet worden, aber noch nie jenen Gang hinabgeglitten, dessen Gestalt, Feuchtigkeit und Geruch ich dank der Freundlichkeit von Mädchen, die nicht wie Lilly mit High-Society-Unterwäsche bewehrt waren, streckenweise mit meinem Mittelfinger erkundet hatte. Deshalb finde ich es nicht verwunderlich, dass ich mich auf einen schmählichen Kompromiss einließ. Die Erinnerung daran macht mich heute noch gallebitter. Der Kompromiss bestand darin, dass ich mich in Boxershorts neben Lilly legte. Im abgedunkelten Schlafzimmer hatte ich an ihrem Bett gekniet, meine Hand unter die Bettdecke geschoben und festgestellt, dass Lilly noch ihren Pyjama trug, und mein geflüstertes Flehen, sie möge mir bitte erlauben, ihr das Kleidungsstück auszuziehen, war mit einem strengen «der bleibt an» abgewiesen worden. Das nahm mir den Mut, nackt zu ihr zu kommen und mein entblößtes, pochendes, geschwollenes Glied an die rote Seide zu pressen. Als ich in der Folgezeit schließlich wagte, aus meinen Shorts zu steigen, wurde und blieb genau dieser Kontrast – ihre verschwenderische rote Seidenhülle und ihre Passivität gegen mein drängendes, nacktes Begehren – für mich das Erregendste an den Nächten mit Lilly, bis wir uns am Ende der ersten Juniwoche, unmittelbar nach meinem Abschlussexamen, voneinander verabschiedeten. Lust derselben erotischen Spielart sollte ich erst viele Jahre später wieder erleben, mit einer Frau, die sich mir entblößt auf ihrer Couch sitzend präsentierte, mir ihr Becken entgegendrängte und darauf bestand, dass ich, vor allem wenn ich den kratzigen Tweedanzug trug, den ich damals besonders gern anzog, die Hosen nicht herunterließ, sondern nur so weit öffnete, wie technisch unumgänglich, wollte ich in sie eindringen. Um wieder auf Lilly zurückzukommen: Wir wussten beide, dass dieser Abschied nach meinem Examen nicht endgültig war. Sie sagte, im venezianischen Büro von American Express werde ein Brief von ihr auf mich warten. Darin werde stehen, wann sie in Venedig ankomme und wo sie dort zu finden sei. Abgesehen davon, dass ich mir allmählich unbegrenzte Rechte zur Erkundung ihres Körpers erworben hatte, eingeräumt unter der Bedingung, dass ich keinen Versuch machte, sie auszuziehen oder mit meinem Penis in sie einzudringen, hatten sich unsere Liebesübungen nicht entscheidend verändert. Ich erzählte ihr weiterhin Gutenachtgeschichten – eine Pflicht, die sehr bald verlangte, dass ich mein Repertoire auffrischte, indem ich die Brüder Grimm zu Rate zog, in der Widener Bibliothek, wo ich einen Leseplatz hatte – und schaffte es nach wie vor, während unserer Zärtlichkeiten und wenn wir endlich schliefen, nicht zu ejakulieren. Lilly lobte weiterhin meine Selbstbeherrschung, und ich kann nicht abstreiten, dass ich sie allmählich auch genoss. Trotzdem: Ich hatte mir fest vorgenommen, dass Lilly in Venedig mein gutes Betragen belohnen, das heißt das Opfer meiner Jungfräulichkeit endlich annehmen müsse.

Beim American Express lag der Brief tatsächlich. Sie schrieb, Mittwoch werde sie in Venedig sein. Ich solle sie an diesem Tag um zwölf Uhr mittags im Quadri an der Piazza San Marco erwarten. In welchem Hotel sie absteigen wollte, teilte sie mir nicht mit. Die Bleibe, die ich mir mit Lillys Hilfe ausgesucht hatte, weil man dort erstaunlich niedrige Preise verlangte, war ein winziges Etablissement am Campo S. Angelo. Mein Zimmer lag im vierten Stock und war über ein steiles, enges, sehr sauberes Treppenhaus zu erreichen. Überhaupt schien das Hotel völlig sauber und ohne Anzeichen von Wanzen – die seien in Europa generell zu fürchten, hatte Lilly mir eingeschärft – oder sonstigem Insektenleben außer Mücken zu sein. Die Mücken kamen während meiner ersten Hotelnacht in Schwärmen in mein Zimmer, weil ich versäumt hatte, das Fenster zu schließen, als ich Licht machte. Die Kerze mit Citronella-Öl, die ich am nächsten Tag kaufte, half. In Amerika hatte ich nie eine Wanze gesehen; und wie sich herausstellte, sollte ich erst im August jenes Sommers einer begegnen, in einem Hafenhotel in Alicante. Für mich gab es mit meinem Hotel in Venedig nur ein Problem. Nachdem ich mich angemeldet hatte, sah mir die beleibte, würdevolle Dame, die anscheinend Eigentümerin, Empfangsdame und Kassiererin in einer Person war, streng in die Augen, wackelte mahnend mit dem erhobenen rechten Zeigefinger und sagte *niente donne nelle stanze*. Dieses Verbot wurde von einem schlecht rasierten Nachtportier wiederholt, dem ich abends, als ich zum Essen aus dem Haus ging, meinen Zimmerschlüssel gab. Es missfiel mir, dass die Möglichkeit, Lilly in mein Zimmer mitzunehmen, damit ausgeschlossen war, aber ein ernsthaftes Hindernis sah ich darin nicht. Mein Zimmer verfügte nur über ein Waschbecken und einen Nachttopf, den ich zufällig im Nachttisch entdeckte. Die Toilette und die Kabine mit der Badewanne lagen am Ende des Flurs. Ich benutzte sie gemeinsam mit anderen Bewohnern des vierten Stocks. Ich ging nicht davon aus, dass Lilly diese Arrangements zusagen könnten. Unsere Liebesnächte würden wir in ihr Hotel verlegen, dessen Ausstattung und Komfort üppiger sein mussten.

Lilly hatte gesagt, mit meinem ersten Gang durch die Accademia und die Scuola S. Rocco müsse ich warten, bis sie komme. Deshalb besichtigte ich den Dogenpalast; aber zuerst kaufte ich mir zum Mittagessen auf ihre Empfehlung hin bei einem Straßenverkäufer auf der Rialtobrücke *seppie* mit *polenta* und handelte mir damit eine lebenslängliche Abhängigkeit von diesen beiden Grundelementen der venezianischen Kochkunst ein. Der nächste Tag war Dienstag. Gleich morgens ging ich zur Basilica di San Marco und versenkte mich inmitten der Massen von Touristen und Reiseführern in einsame Betrachtung der Mosaiken. Meine Kenntnisse von Kunst und Kunstgeschichte waren beschränkt; ich wusste nur das, was ich in einem Kurs in meinem letzten Jahr an der Highschool gelernt und bei gelegentlichen Besuchen im Fogg in Cambridge sowie im Fine Art und im Isabella Stewart Gardner Museum in Boston aufgenommen hatte, aber im Alten und Neuen Testament war ich gründlich unterrichtet. Mit Hilfe des Informationsblättchens, das ich mir vom Postkartenstand vor der Basilika mitgenommen hatte, und manchmal auch von allein konnte ich in den Szenen aus starrem Gold, Grün und Azurblau vertraute Personen und Ereignisse wiedererkennen. Später, im Gedanken daran, dass ich beim Anblick bestimmter Tizian- und Tintoretto-Gemälde in der Accademia, S. Maria della Salute, San Giorgio Maggiore und der Frarikirche dieselbe helle Freude am Erkennen erlebt hatte, wurde mir klar, dass sie ein Glück war, wie wir es in dieser Form nur in unserer Beziehung zu großen Kunstwerken finden. Aber schon an jenem Morgen, als ich zur *pala d'oro* vordrang und als mir das Genick wehtat, weil ich beim ständigen Starren an die Decke, die Bögen und Friese den Hals zu sehr gereckt hatte, wusste ich, dass ich in einer Veränderung begriffen war, die bedeutsam sein mochte.

Ich fand es schwer, mich von den übergroßen Gestalten der Mosaike umzustellen auf die Emailminiaturen, diese Oasen der Ruhe in der verschwenderischen Menge der schimmernden Edelsteine, die die *pala* zum Leuchten bringen. Ich stand vor dem Altaraufsatz, rieb mir die Augen, versuchte ohne Erfolg, sie neu einzustellen, und dachte schon daran, die Betrachtung der *pala* auf einen anderen Besuch zu verschieben und sie bei dieser Gelegenheit dann gleich als Erstes anzusehen, da spürte ich, wie sich eine Hand leicht auf meine Schulter legte, und ich hörte eine Stimme, die mir bekannt vorkam, ohne dass ich sie einordnen konnte, meinen Namen sagen. Ich drehte mich um. Hand und Stimme gehörten Hooker Winslow. Hochgewachsen, aristokratisch hager, das krause blonde Haar sehr kurz geschoren, trug er einen Gabardine-Anzug in blassem Beige von jener Machart, die ich an einigen meiner eleganteren Mitstudenten zu bewundern gelernt hatte; Hooker war zwei Jahre nach mir ins College gekommen. Wir wohnten im selben Haus am Charles River und hatten im vergangenen akademischen Jahr zusammen an einem ganzjährigen Seminar über Renaissance-Geschichte teilgenommen. Er war sehr intelligent, und ich war weder gegen seinen Charme noch gegen das Prestige seiner Familie gefeit. Sein Vater war zweimal Gouverneur von Connecticut gewesen. Zurzeit war er dienstältester Senator im amerikanischen Senat. Es war allgemein bekannt, dass die Winslows schon in der zweiten Hälfte des achtzehnten Jahrhunderts schwerreich gewesen waren, mit der Zeit ihren Reichtum nur vermehrt hatten und immer noch so lebten wie nur die reichsten Amerikaner vor der Weltwirtschaftskrise.

Die *pala* ist wunderbar, nicht?, sagte Hooker und redete gleich weiter, ohne meine Antwort abzuwarten: Ich hatte keine Ahnung, dass du in Venedig bist. Hättest du doch was gesagt. Dann hätte ich mit Mutter besprochen, dass sie dir ein Zimmer anbietet. Jetzt wird sie das vielleicht nicht mehr können, weil sie die Hälfte von Vaters Mitarbeitern aus dem Senatsbüro im Haus hat, die machen hier Ferien. Übrigens, Glückwunsch zu deinen Preisen und Auszeichnungen. Es heißt, du willst zwei Jahre nach Paris gehen. Eine glänzende Idee. Origineller als die englischen Universitäten. Mir schwebt auch etwas in dieser Richtung vor. Ach, übrigens, wusstest du, dass mir Bellmore für meine Seminararbeit die gleiche Note gegeben hat wie dir?

Bellmore war der unnahbare Professor, der das Renaissance-Seminar gehalten hatte. Er fungierte als einer der drei Gutachter meiner Examensarbeit und war zu meiner Überraschung auch Mitglied des Gremiums, vor dem ich die mündliche Prüfung ablegte, die entschied, ob ich mein Examen mit Auszeichnung bestand. Ich musste schon wieder versuchen, mich umzustellen, diesmal auf die atemlose Mischung aus Fragen und Informationen, die für Hookers Sprechweise charakteristisch war. Ich antwortete und hielt mich dabei so gut ich konnte an die Reihenfolge der Fragen in seiner Redesalve: Ich hätte keinen Grund zu vermuten, dass er in Venedig sei oder dass seine Familie mich in ihrem Haus wohnen lassen wolle; ich hätte nicht im Traum daran gedacht, seinen Eltern meine Anwesenheit zuzumuten; ich wolle wirklich als ausländischer Student an die École Normale gehen, und ich sei nicht im mindesten überrascht über seinen Erfolg bei Bellmore. Dann trat ich einen Schritt zurück und gab zu, dass die *pala* mich verwirrte. Ich hätte ganz genau hingesehen, könne mir aber trotzdem keinen Reim darauf machen.

Du bist zum ersten Mal hier, stimmt's, sagte Hooker. In dem Fall ist deine Reaktion ganz natürlich. Es ist ein Werk, an das man sich gewöhnen muss – wie an einen kubistischen Picasso! Du darfst dich nicht scheuen, die Einzelheiten eine nach der anderen zu betrachten, statt die *pala* im Ganzen sehen zu wollen. Stell dir vor, es sei die Basilika im Kleinen. Wenn du möchtest, erkläre ich dir die Szenen auf den Miniaturen.

Ohne eine Antwort abzuwarten, erzählte mir Hooker, dass seine Familie die Konservierung und Restaurierung der Basilika und ihrer Kunstschätze schon lange unterstützt habe und dass sie gleich nach dem Krieg wieder damit angefangen und sich besonders auf die *pala* konzentriert hätten, die er deshalb so gut kenne wie den Nachbarn nebenan. Als er mit der Erzählung fertig war, vertiefte er sich in die Geschichte dieses außergewöhnlichen Objekts und die Bedeutung der einzelnen Szenen. Ich merkte, dass ich, sobald ich, seinem Rat folgend, die einzelnen Teile und nicht das Ganze betrachtete, die Ereignisse im Leben Christi und den Lebenslauf der Jungfrau Maria erkennen konnte. Die Szenen aus dem Leben der Apostel verlangten einschlägiges Wissen, das ich nicht hatte. Hooker besaß es im Übermaß. Er machte seine Sache besser, als man nach seiner Ankündigung, er könne mir den Inhalt der Miniaturen erklären, vermutet hätte: Er zeigte, wie man die überirdische Schönheit und Leidenschaftlichkeit der Miniaturen als einzigartige Phänomene genießen kann auch ohne Kenntnis der Ereignisse, die die anonymen Handwerkskünstler darstellen wollten. Diese Art der Kunstbetrachtung stand ganz im Widerspruch zu meinem damals überwältigenden Bedürfnis, den historischen Hintergrund aller Phänomene, mit denen ich in Kontakt kam, genau zu kennen. Ich sagte Hooker ehrlich, dass ich sein Wissen und seine Fähigkeit, es zu vermitteln, bewundere und ihm dankbar sei. Er schob das Kompliment beiseite und meinte, es sei ein Glück, dass er über Kunst reden könne, da er sich vorgenommen habe, das Fach zu studieren und zu unterrichten; seine Eltern unterstützten diese Entscheidung.

Wir wandten der *pala* den Rücken und gingen nach links durch das Seitenschiff zurück zur Taufkapelle. Unterwegs blieb Hooker hier und da stehen, anscheinend um mich einer Blitzprüfung über die Mosaiken zu unterziehen. Ich hatte Freude an dem Gespräch und an seinem Enthusiasmus und merkte mit Erleichterung, dass meine Antworten ihn offenbar zufrieden stellten. Ich überlegte noch, ob ich versuchen solle, mich mit ihm zu verabreden, und wenn ja, wie, ohne zu aufdringlich zu sein und ohne Lillys mögliche Pläne zu durchkreuzen, da kam Hooker mir zuvor und sagte: Weißt du, heute kann ich dich nicht zum Mittagessen nach Hause einladen, Mutter hat unseren Botschafter in Italien zu Gast, und ich glaube, am Tisch ist kein Platz mehr frei. Es ist ein gesetztes Essen mit allem Drum und Dran. Aber wie wär's morgen oder übermorgen? Ich muss Vater von deinem Stipendium erzählen. Er wird dich kennen lernen wollen.

Morgen war der Tag, an dem ich Lilly erwartete. Ich erklärte Hooker, wer sie sei, ohne meine Bindung an sie durchblicken zu lassen, so hoffe ich jedenfalls, sagte ihm auch, dass ich morgen mit ihr im Quadri verabredet sei, und wollte ihm gerade ein Treffen an einem der nächsten Tage vorschlagen. Da unterbrach er mich und meinte, selbstverständlich, eine Verabredung zum Mittagessen am Tag ihrer Ankunft über ihren Kopf hinweg, ohne sie vorher zu fragen, das sei vielleicht etwas brüsk, aber dann sollten wir übermorgen zusammen essen, mit ihr, wenn es mir recht sei. Er werde auf sie zählen und sich im Quadri mit uns treffen, obwohl er alles in allem lieber im Florian sei. Das sei das Familiencafé. Falls es Schwierigkeiten gebe, solle ich ihn anrufen. Seine Mutter sei ganz unkompliziert in solchen Dingen, wenn man ihr rechtzeitig Bescheid gebe.

Ich spürte: Zwischen Lilly und mir stimmte etwas nicht – jedenfalls stimmte ihre Vorstellung von unserer Begegnung in Venedig nicht mit meinem Wunschbild überein und nicht mit den Möglichkeiten, von denen wir auf ihrem Sofa gemurmelt hatten – das merkte ich gleich, als wir uns im Quadri an einen Tisch setzten. Ich hatte den Eindruck, sie sei bestenfalls mäßig erfreut, mich zu sehen, da sie mir nur ihre Wange zum Kuss bot, mich aber abwehrte, als ich ihre Hand halten wollte, während wir einen Eiskaffee tranken. Nicht nur das; sie sah auch mehrmals auf ihre Uhr, und ich wusste, dass sie so etwas für eine grobe Unhöflichkeit hielt. Sie erklärte mir, sie sei erschöpft von der Bahnfahrt. Wir sollten bald mittagessen, danach müsse sie ein paar Anrufe erledigen und einen Mittagsschlaf halten. Je nachdem, was ein bestimmter Anruf ergebe, könnten wir vielleicht zusammen zu Abend essen. Falls ich keine anderen Pläne hätte. Darauf antwortete ich nicht. Stattdessen fragte ich, wann wir in die Accademia gehen würden. Lass mich erst mal zur Ruhe kommen, sagte sie. Ich weiß gar nicht mehr, wann ich zuletzt eine Nacht lang geschlafen habe, ich brauche dringend einen Termin beim Friseur, und Briefe schreiben muss ich auch. Verstört überließ ich von da an ihr die Konversation, im Café und auch später beim Essen in Harry's Bar, einem Lokal, das, so sagte sie, für mich ganz unerschwinglich sei, aber keine Sorge, sie werde bezahlen, denn sie wolle, dass ich behaupten könne, ich sei mindestens einmal dort gewesen. Gleich nach dem Mittagessen gingen wir ohne Umwege zu ihrer *Pensione* an den Zattere, in der Ruskin einmal längere Zeit logiert hatte. Auf dem Weg sah ich zum ersten Mal die Accademia-Brücke und die Accademia, den Ausstellungsort so vieler Werke, die ich unbedingt betrachten wollte, und den Schatten und die Ruhe der Kanäle und *calle* in Dorsoduro. Wir standen schon an der Tür der *Pensione*, als ich fragte, ob ich mit hinaufkommen und mit ihr zusammen Mittagsschlaf halten dürfe. Du hast mir so gefehlt, gestand ich ihr. Darauf lachte sie – ihr Ton klang wie gespieltes Entsetzen – und sagte, es sei ganz undenkbar, dass ich in ihr Zimmer käme. Ausgeschlossen in diesem mehr als achtbaren Etablissement, dessen Stammgäste altjüngferliche Damen aus Boston und New York mit ihren verwitweten Müttern seien.

So dachte sie sich das also. Mir brannte das Gesicht. Ich erklärte ihr, ich hätte nicht damit gerechnet, dass wir in Venedig weniger Freiheit als in Cambridge hätten und dass wir so wenig voneinander sehen würden. Gib mir die Telefonnummer deines Quartiers, entgegnete sie. Wenn ich nicht zwischen sieben und halb acht anrufe, essen wir zusammen zu Abend und sprechen über dich.

Den Rest des Nachmittags hielt ich mich in der Accademia auf; zuerst lief ich hastig durch alle Räume, um nichts auszulassen. Dann überwältigte mich die Fülle des Gesehenen, und ich saß fast eine Stunde lang vor Tizians Pietà, gebannt von ihrer Vollkommenheit. Wieder im Hotel, wartete ich auf Lillys Anruf. Er kam nicht. Wir aßen zusammen in einem Restaurant hinter dem Campo San Polo, mit Blick auf eine krumme kleine Brücke namens Ponte Storto. Lilly war ganz liebevoll, aber offenbar fest entschlossen, mir unmissverständlich klar zu machen, dass ich bei meiner Intelligenz doch längst begriffen haben müsse, sie werde nicht mit mir schlafen, in Cambridge so wenig wie in Venedig oder sonst wo. Nicht dass Geschlechtsverkehr ein weltbewegendes Ereignis sei, sie habe es mit vielen Männern, die sie weniger mochte, dazu kommen lassen. Sie denke aber, was wir miteinander hätten, sei schön, nur sollten wir nicht weiter gehen und uns auch nicht stärker aneinander binden. Ich würde in Paris anderes im Kopf und anderes zu tun haben. Sie wolle den Franzosen heiraten, wenn möglich, und wenn nicht, frei für eine Affäre sein, die Sinn hätte. Mit mir würde sie sich womöglich nur in eine Beziehung verwickeln, die unaufhaltsam in eine Sackgasse führe, aber hoch belastet mit Gefühlen wäre. Sie rate mir, eine Freundschaft mit ihr zu ihren Bedingungen zu akzeptieren.

Dem konnte ich kaum etwas entgegensetzen. Die Nacht war dunkel und die Straßen, durch die wir zu den Zattere zurückgingen, so leer und verlassen, dass wir die letzten lebenden Seelen in der Stadt hätten sein können. Kaum Fenster, in denen noch Licht war, kein Geräusch, nur unsere Schritte und das Wasser waren zu hören. Lilly hatte meinen Arm genommen, und ich überließ mich einem Tagtraum, der schon begonnen hatte, als wir noch beim Essen saßen. In dem Traum küssten wir uns, und sie schmiegte sich sofort an mich. Im nächsten Augenblick setzten wir uns auf eine Kanalmauer am Eingang zu einem *sottoportego*. Sie leistete keinen Widerstand, als ich ihr die Bluse aufknöpfte und den BH löste und dann unter den Rock griff und ihr diese scheußliche Unterwäsche abstreifte. Sie drängte ihr Becken gegen meine Hand. Nach einer Weile erklärte sie, nun sei sie an der Reihe, ich müsse ganz still halten. Sehr schnell hatte sie mich in ihrem Mund. Ich flüsterte, sie müsse aufhören, ich könne es nicht mehr aushalten. Ach komm, du Dummkopf, flüsterte sie zurück, verstehst du nicht, was ich von dir will? Sie nahm mich wieder und fing an, mit dem ganzen Körper heftige Schaukelbewegungen zu machen, bis wir beide erschöpft waren. So war es in Wirklichkeit natürlich nicht. Ich durfte sie auf dem Weg zwar mehr als einmal küssen, sie öffnete auch ihren Mund dabei, aber sie erlaubte mir nicht, ihre Brüste zu berühren, und mit dem Setzen auf eine Kanaleinfassung war es nichts, und zum Anlehnen an eine glitschige, kalte, feuchte Mauer kam es auch nicht. Ich fragte sie nach ihren Plänen für den nächsten Tag. Sie sagte, am Nachmittag werde sie zu Freunden fahren, die eine Villa an der Brenta hätten. Sie plane, am Freitag wiederzukommen, wahrscheinlich rechtzeitig zum Mittagessen. Wenn sie dann wirklich schon wieder da sei, könnten wir nach dem Mittagessen in Museen gehen. Der Friseurtermin am Donnerstagmorgen sei unaufschiebbar.

Ich beschloss, die Einladung zum Essen bei den Winslows nicht zu erwähnen, vor allem, weil ich fürchtete, sie werde unbedingt mitkommen wollen und wenn nötig die Abfahrt zu ihrer ominösen Verabredung in der Villa ein paar Stunden verschieben. Da ich mir schon vorgenommen hatte, am nächsten Abend aus Venedig abzureisen, wollte ich mich nicht nach einem Essen mit Fremden von ihr trennen. Ich dachte auch, dass ihre Gegenwart mich bei den Winslows matt setzen würde. Also verschwieg ich die Einladung, erzählte ihr vielmehr, ich würde am Freitagmorgen abreisen. Sie sagte, das tue ihr Leid, aber sie finde, damit hätte ich klug und mutig die richtige Entscheidung getroffen. Wir würden uns bald, wenn ich mich eingewöhnt hätte, in Paris sehen. Sie fragte, ob ich ihr meine Adresse schreiben würde – sie könne mich aber auch über die Hochschule erreichen –, und ob ich mich mit ihr treffen würde, wenn sie komme? Natürlich sagte ich ja, aber ich war mir dabei nicht ganz sicher, ob ich vorhatte, mein Versprechen zu halten. Ich glaube, verärgert oder beleidigt war ich nicht. Es war klar, dass meine Gefühle für sie keine allzu reine oder rühmliche Basis hatten und dass sie zwar ihr Spiel mit mir getrieben haben mochte, ich in diesem Fall aber mitgespielt und meinen Vorteil gewahrt hatte, indem ich den aufregenden Sex genoss, den sie zugänglich machte, ohne dass ich viel Aufwand treiben musste. Aber ich war traurig und wünschte mir, es hätte anders kommen können – ohne recht zu wissen, was «anders» bedeutete außer Geschlechtsverkehr, um den Ausdruck zu verwenden, den sie mit der ihr eigenen Präzision eines Bostoner Blaustrumpfs wohl gewählt hätte.

Nachdem ich am Telefon Bescheid gesagt hatte, dass Lilly schon eine andere Verabredung habe, traf ich mich mit Hooker im Quadri und stellte mir vor, dass wir zum Campo S. Stefano laufen würden. Ich hatte mir den Stadtplan von Venedig angesehen, auf dem die Paläste am Canal Grande eingezeichnet waren, und daraufhin angenommen, dies sei der Weg zum Palazzo Barbaro, den die Winslows gemietet hatten. Aber statt zum Campo S. Stefano führte Hooker mich zu einer Landungsstelle an der Piazzetta und zeigte auf eine Gondel, die größer als die anderen war und zwei Ruderer hatte, einen wie üblich am Heck und einen am Bug.

Die dort ist unsere, sagte er. Mit dem Brauch wird es schneller vorbei sein, als wir denken, wenn du meine Meinung hören willst, aber vorläufig halten sich meine Eltern noch daran. Steig ein!

Und so kam ich ganz unerwartet ein paar Minuten lang zu dem Blick auf die Republik vom Meer her, den Thomas Mann so beredt heraufbeschworen hat. Die Gondel der Winslows fuhr schnell. Schon waren wir an der Dogana, denn wir legten einen Teil des Wasserweges, auf dem ich vom Bahnhof gekommen war, in umgekehrter Richtung zurück. Dann stand die gewaltige weiße Masse des Palazzo vor uns; wir gingen in den Hof und stiegen zum unmittelbar darüber liegenden Stockwerk hinauf, dem *piano nobile*, wie mir Hooker erklärte; dort servierte uns ein schwarz gekleideter Diener mit weißen Handschuhen auf einem Silbertablett Gläser mit etwas Kaltem, Sprudelndem, *prosecco*, lernte ich. Der Senator und die *signora* kommen sofort, sagte der Diener auf Englisch zu Hooker. Meine Aufregung wuchs, und ich starrte den riesigen Raum an, in dem wir standen: dunkelbraun, rot und golden, der Fußboden aus poliertem Stein in der Farbe von Porphyr, spiegelblank, wo er nicht von Teppichen mit eingewebten chinesischen Figuren bedeckt war, leer bis auf einen kleinen Tisch vor den Fenstern mit Blick auf den glitzernden Canale. Der Tisch war für vier Personen gedeckt. Bei der Aussicht, nun dem Gouverneur – dass er sich am liebsten so nennen ließ, wusste ich – Rede und Antwort stehen zu müssen, wurde mir kalt. Du bist ein Hochstapler, warf ich mir vor. Das könne nicht gut ausgehen.

Hollywood ist eine erstaunlich gute Imitation des Lebens – jedenfalls galt das für jene weit zurückliegende Zeit –, und schon damals hatte das Leben Züge vom Kino angenommen. Der Auftritt des Gouverneurspaars war mehr als filmreif. Mrs. Winslow, ebenso außernatürlich schlank wie Hooker, was in ihrem weißen Leinenkleid besonders zur Geltung kam, stürzte zuerst herein, überschüttete abwechselnd den Mann in Schwarz, der uns den Wein serviert hatte, und einen anderen, weißhaarigen, mit weißer Krawatte und weißen Handschuhen geschmückten Mann in Schwarz, der irgendwie seine Würde während hinter ihr her getrottet war, mit einem rasanten italienischen Wortschwall. Sie hielt abrupt inne, um ihre Arme um Hooker zu schlingen, flüsterte ihm etwas ins Ohr und wandte sich dann zu mir. Mr. Carter, sagte sie, oder darf ich Sie Mark nennen? Ich freue mich so sehr, ich habe schon so viel von Ihnen gehört, der Gouverneur wird …

Was sie sonst noch sagen wollte, ging unwiederbringlich verloren, denn genau in diesem Augenblick hallten die dröhnenden Begrüßungsworte ihres Gatten durch den Raum. Er war noch größer als Hooker – ein energiegeladenes Gerippe, ebenfalls in Weiß gekleidet, von dem das

Mauve seiner sommerlichen Clubkrawatte abstach, es war die Gleiche, die Hooker an diesem Tag gewählt hatte, wie mir plötzlich auffiel; dazu trug er ein großes seidenes Einstecktuch in derselben Farbe; beide stammten nicht aus seinem und seines Sohnes Harvard Club, sondern von einem Hemdenmacher in der Jermyn Street, der Vater, Mutter und Sohn ausstattete, aber das begriff ich erst später. Winslows Hand war erstaunlich: kräftig, obwohl sie mir nicht die Finger quetschte, angenehm kühl und so geräumig, dass meine eigene ziemlich große Hand sich ganz darin verlor. Auch er war auf rätselhafte Weise über mich in Kenntnis gesetzt worden. Von Hooker? Ich hätte nicht vermutet, dass Hooker so genau aufpasste; dafür gab es keinen Grund; ich hatte an ihm nur die normale freundliche Gleichgültigkeit des Gentleman wahrgenommen. Von einem Angestellten aus dem Mitarbeiterstab des Gouverneurs, der in einer unheimlichen Kammer irgendwo ganz oben im Palast verzweifelte Telefonate mit der Universität geführt – plötzlich fiel mir ein, dass der Gouverneur ihrem Aufsichtsrat angehörte – und schließlich im hitzedampfenden Cambridge jemanden im Immatrikulationsbüro gefunden hatte, der in den Akten nachsah? Von der Lokalzeitung meiner Heimatstadt in New Hampshire? Das Tischgespräch verlief nicht so, wie ich befürchtet hatte. Vielmehr wurde ich einer gründlichen Prüfung unterzogen, der Gouverneur stellte Fragen, Mrs. Winslow steuerte gelegentlich liebenswürdige Zwischenbemerkungen bei; der Themenkreis reichte von der Gesundheit meines Vaters – der Gouverneur wusste, dass er vor kurzem zum Rektor der Highschool ernannt worden war, an der er über fünfzehn Jahre lang unterrichtet hatte –, über das talentierte Geigenspiel meiner kleinen Schwester bis zu dem *pièce de résistance*, das vorhielt, solange wir unsere kalten Kalbsbratenscheiben in Thunfisch- und Anchovissoße aßen: meine Pläne für das Studium an der Pariser Hochschule und meine Berufspläne. Ich sagte, ich hoffte, von den ausgezeichneten Dozenten zu profitieren und so viel Material für meine Untersuchungen zusammenzubekommen, dass ich mit dem Schreiben anfangen könne. Mich interessiere die Frage: Warum manifestiert sich der Niedergang einer Großmacht – zunächst würde ich mich mit Frankreich befassen – oft ganz plötzlich, obwohl seine Ursachen für aufmerksame Beobachter schon lange deutlich sichtbar waren? Da ich vorhätte, mich auf Militärgeschichte zu spezialisieren, wolle ich militärische Macht als Prisma benutzen. Als ich diese Erklärung gab, wurde ich rot, denn ich merkte, dass ich großspurig klang. Oder sogar albern, noch schlimmer.

Aber der Gouverneur und Mrs. Winslow schienen es anders zu sehen. Bei Hooker bin ich mir da nicht so sicher, denn er schien während des Essens ständig gegen Lachanfälle kämpfen zu müssen. Der Gouverneur sagte, das Thema sei außerordentlich wichtig und aktuell, und forderte mich auf, in Kontakt mit ihm zu bleiben. Nein, besser: Er werde die Kontaktpflege selbst in die Hand nehmen, junge Leute seien ja gewöhnlich zu schüchtern zum Anrufen oder Schreiben. Ob ich unbedingt zur Lehre entschlossen sei, wollte er wissen. Ich erwiderte, darauf festgelegt sei ich nicht; ich würde gern forschen und schreiben, und ich müsse mir meinen Lebensunterhalt verdienen. Die Lehrtätigkeit sei mir bis jetzt als die wahrscheinlichste Lösung vorgekommen. Gut, erklärte er. Wenn es so weit ist, habe ich ein paar Ideen für Sie. Dann war das Essen plötzlich zu Ende. Hooker begleitete mich zum Hotel und erzählte mir, um halb drei sei Schluss mit dem Mittagessen, ganz gleich, was passiere. Das sei eine Regel ohne Ausnahmen. Sonst hätten sie mich länger dabehalten. Du hast den allerbesten Eindruck hinterlassen, sagte er. Dann fügte er hinzu: Vater macht keine leeren Worte. Du wirst ganz sicher von ihm hören.

Mit dieser Vorhersage hatte Hooker Recht: Die Präsenz und Protektion des Gouverneurs sollten an verschiedenen Wendepunkten meiner Laufbahn entscheidend sein. Mich überkam eine Welle der Zuneigung für Hooker, und ich sagte ihm, wie schade ich es fände abzureisen, und wie sehr ich hoffte, wir würden uns nicht aus den Augen verlieren. Und weil ich nicht wollte, dass eine Unwahrheit zwischen uns bliebe, gestand ich ihm dann noch, dass die Sache mit Lilly nicht so gelaufen sei, wie ich es mir ausgemalt hatte, und deshalb hätte ich mir die Lüge ausgedacht und gesagt, dass sie nicht zum Mittagessen komme könne, da sie schon eine andere Verabredung habe. Und aus demselben Grund führe ich auch früher aus Venedig weg. Er lächelte und sagte, meine Sünde sei vergeben. Dann, plötzlich ganz ernst, erklärte er mir, wir würden uns oft wiedersehen; er sei fast so schwer abzuschütteln wie sein Vater. Auch damit hatte er Recht: Wir blieben Freunde, solange er lebte.

Ich nahm den Zug nach Rom, denn er fuhr schon knapp eine Stunde nachdem eine Gondel mich zum Bahnhof gebracht hatte. Es machte mir Spaß, Lillys Prinzip über die Ankunft in Venedig auf die Abreise zu erweitern. In meinem glühend heißen Abteil dritter Klasse riss ich ungläubig die Augen auf. Mir gegenüber saß ein Mädchen, das im College in den ersten beiden Jahren in derselben Lateinklasse wie ich gewesen und dann verschwunden war. Jane Evans, die Latinistin, die ein gebräuntes Falkengesicht und grüne, goldgefleckte Falkenaugen hatte. An diesem Nachmittag trug sie ein taubengraues, ärmelloses Baumwollkleid mit Gürtel und Sandalen. Nicht zum ersten Mal fand ich sie sehr schön. Sie las eine italienische Zeitung und sah nicht auf, als ich mich setzte. Ich wartete, bis sie eine Seite umblätterte, und sagte ihren Namen. Sie erkannte mich sofort. Sie erzählte mir, vom Radcliffe sei sie weggegangen, um am Sarah Lawrence College weiterzustudieren und es nicht so weit nach New York zu haben. Sie sei auch zum ersten Mal auf dem Weg nach Rom. Danach wolle sie in Europa herumreisen, bis es Zeit für die Immatrikulation an der Universität Bologna sei; dort könne sie bei dem Mann studieren, den sie für den größten lebenden klassischen Philologen halte. Sie habe ein

Fulbright-Stipendium und sonst gar nichts, also müsse sie billig reisen. Ich sagte, da könnten wir um die Wette sparsam leben. Darüber mussten wir beide lachen, der wahre Grund für unsere Heiterkeit war aber, dass uns beiden ohne Worte klar geworden war, diesen Sommer würden wir zusammen verbringen. Jane hatte einen Stadtplan von Rom und einen Reiseführer. Wir schulterten unser Gepäck, sie ihren Rucksack, ich meine Reisetasche, nahmen einen Bus vom Bahnhof Roma Termini nach San Silvestro und liefen von dort aus Hand in Hand zum Pantheon. Irgendwann unterwegs setzte ich meine Tasche ab, legte die Arme um Jane und ihren Rucksack und ertränkte meinen Kummer, der schon im Schwinden begriffen und seltsam fern gerückt war, vollends in einem Kuss, den sie so sehr zu wollen schien wie ich. Die beiden *alberghi* in der Nähe des Pantheons, in denen wir unser Glück zuerst versuchten, waren voll, aber an der Straße genau gegenüber vom Pantheon fanden wir eine *pensione* mit einem freien Zimmer im obersten Stock, das wir haben konnten, wenn ich es für eine Woche nahm und im Voraus bezahlte. Vorgewarnt durch meine Erfahrung in Venedig, riet ich Jane, sie solle in der Bar nebenan einen Espresso trinken, während ich meinen Pass vorlegte und das Anmeldeformular ausfüllte. Als ich sie abholte, schmollte sie. Du bist ein Flegel, sagte sie. Du hättest mich wenigstens mal fragen können, ob ich mit dir ein Zimmer teilen will.

Jane hatte einen Bruder an der amerikanischen Botschaft in Rom, dessen Heimaturlaub gerade anfing. Er lieh ihr sein kleines Simca Cabriolet. Wir fuhren damit über die Pyrenäen nach Spanien, und dort liebten wir uns eines Abends im Juli in einem verfallenen alten Hotel am Hafen auf einem Messingbett, begleitet von den Donnerschlägen des Feuerwerks, das ein amerikanischer Kreuzer, der in Alicante vor Anker lag, zur Unterhaltung der Einheimischen veranstaltete. Oder war das Feuerwerk eine freundliche Mahnung unserer Kriegsmarine an die Adresse der zuständigen Regierungskreise in Madrid? Diese zweite Möglichkeit kam mir in jenem Augenblick nicht in den Sinn, obwohl das Knallen der Feuerwerkskörper ununterscheidbar von den Geräuschkulissen der Seeschlachten in all den Filmen über den Zweiten Weltkrieg war, die ich mir angesehen hatte. Ich nahm nur wahr, wie Jane und ich zu einem einzigen pulsierenden Leib geworden waren, an Militärgeschichte oder Politik konnte ich nicht denken. Trotz unserer Liebesglut wurden wir jedoch nach und nach von der Lust abgelenkt, durch Bisse, die wir uns nicht gegenseitig zufügten und die unerträglich juckten. Wir hielten inne. Ich machte Licht an – die Mücken ließ ich in diesem Moment außer Acht –, und da waren sie, die kleinen roten Punkte, vor denen Lilly mich gewarnt hatte, sie krabbelten in allen Richtungen über das Laken. Wir schüttelten es aus, stellten fest, dass die Decke auch bei genauer Untersuchung sauber aussah, und brachten den Rest der Nacht auf dem Steinfußboden zu, von der Liebe und den Salven unserer Mittelmeerflotte in den Schlaf gewiegt.

Liebe, habe ich gesagt. Liebe war es, und sie erwies sich als so stark, dass Jane und ich nach meiner Zeit an der Pariser Universität heirateten, aber sie war nicht widerstandsfähig genug, die folgenden Harvard-Jahre zu überdauern, in denen wir unsere Dissertationen schrieben und promoviert wurden. Kinder hatten wir nicht. Wir trennten uns in aller Freundschaft, so weit so etwas überhaupt möglich ist. Jane blieb an der Universität und lehrte Vergil, Ovid und Lukrez. Auf Drängen von Gouverneur Winslow lehnte ich die mir angebotene Universitätsstelle ab und arbeitete stattdessen mit Beginn der Amtszeit Kennedys in der politischen Planungsgruppe des Außenministeriums. Meine Dissertation hatte sich ausgewachsen zu einem Buch über das Vakuum im politischen Zentrum Europas, das durch die militärische Schwäche Frankreichs entstanden war, und über den daraus folgenden Niedergang Frankreichs, den ich für irreversibel hielt. Das Buch wurde von der Fachwelt und der breiteren Öffentlichkeit gut aufgenommen. Innerhalb kurzer Zeit fand ich mich in der Rolle eines renommierten Fachmanns. Die Arbeit für die Regierung schränkte meine Möglichkeiten zum Publizieren erheblich ein, und ich wurde unruhig. Der Gouverneur mahnte zur Geduld. Außerdem war ich mit ihm einig, dass die Pflicht, diesem Präsidenten zu dienen, über persönlichen Ehrgeiz ging. Der Mord in Dallas und die aggressive Vietnampolitik, die mit der Amtszeit der neuen Regierung begann, veränderten alles. Für mich stand außer Zweifel, dass die Kriegspolitik auf falschen Voraussetzungen beruhte und äußerst schädlich war, und ich wollte mich von dieser Politik und ihren Vertretern distanzieren. Der Gouverneur hielt dies für nicht verkehrt. Ich trat von meinem Posten im Außenministerium zurück und ging nach Paris. Dort bot sich mir die Gelegenheit, an der Hochschule für politische Wissenschaften ein Seminar zu halten, dessen Thema mich interessierte, und zugleich konnte ich meine eigene Arbeit weiterverfolgen.

So ergab es sich, dass ich 1966 an einem Thanksgiving Dinner teilnahm, zu dem der Legationsrat für politische Angelegenheiten unserer Botschaft eingeladen hatte – in Wahrheit war er der Pariser Repräsentant der CIA –; ihn und seine Frau, die für die *Herald Tribune* Restaurantkritiken schrieb, kannte ich aus meiner Zeit in Washington. Unter den Gästen entdeckte ich Lilly. Sie und die Restaurantkritikerin waren im selben Radcliffe-Jahrgang gewesen. Nach unserem Abschied in Venedig hatte ich Lilly nur drei- oder viermal wiedergesehen, bei einem Konzert in Boston und auf Cocktailpartys in Cambridge. Aber in unserem Harvard-Jahrgang wurde reichlich über sie geklatscht, und ich kannte diesen Klatsch. Sie arbeitete im Büro einer sehr wichtigen und mächtigen politischen Größe. Man wusste, dass dieser Mann eine ausgeprägte Schwäche für blonde Frauen hatte, die in Lillys Alter oder vorzugsweise jünger waren, aussahen wie hübsche, lebhafte Lehrerinnen und aus bester Familie kamen. Drei oder vier von ihnen hielt er sich immer in seinem Büro, das er, so behaupteten böse Zungen, eigentlich als seinen

Harem betrachtete, denn die wirkliche politische Arbeit wurde von männlichen Beratern geleistet. Allgemein war man der Ansicht, Lilly habe Besseres verdient. Sie hatte sich kaum verändert, nur dünner war sie geworden, was ihr gut stand, und, um einen Ausdruck zu verwenden, der zu ihrem Grundvokabular gehörte: Sie wirkte sehr beherrscht. Ihr Haar und ihre Fingernägel zeugten von einer Pflege, die ausgefeilter und vielleicht noch intensiver war als die Behandlung, die sie früher immer im Kosmetiksalon des Boston Ritz bekommen hatten, dessen Stammkundin Lilly damals gewesen war. Man konnte nur hoffen, dass auch ihre Oberschenkel von dieser Pflege profitiert hatten. Sie trug ein so hervorragend geschnittenes Tweed-*tailleur* von so subtiler Farbe, dass sogar ich daran die Handschrift eines *couturiers* erkennen konnte. Sie erzählte mir, wenn sie nicht in Washington sei, wohne sie in New York, in der East 64th Street. Ihre Mutter sei schon seit drei Jahren tot. Der Vater habe wieder geheiratet. Sie habe kaum Grund, nach Cambridge zurückzukehren. Als ich sie fragte, was sie in Paris mache, erklärte sie mir, der hochrangige Politiker sei hier gewesen, mit seinen persönlichen Mitarbeitern, also auch ihr, halte sich zurzeit in Brüssel auf und feiere Thanksgiving mit unserem Botschafter, den er aus gemeinsamen Collegetagen kannte. In ein paar Tagen komme er zurück, und dann werde der ganze Trupp wohl nach London weiterziehen. Der Politiker müsse eine Ansprache vor der Oxford Union halten. Sie fragte, ob ich ihn gern kennen lernen würde. In diesen politisch hochexplosiven Zeiten war er ein Republikaner, vor dessen außen- und militärpolitischen Ansichten und guten Absichten – das sollte ich dazusagen – ich, ebenso wie Gouverneur Winslow, Respekt hatte, obwohl wir zur anderen Partei gehörten. Ja, ich würde ihn sehr gern kennen lernen, sagte ich, wenn es ohne Mühe einzurichten sei. Er wird dich sehen wollen, ließ sie mich wissen und schrieb meine Adresse und Telefonnummer in ein kleines rotes Hermès-Notizbuch. Dann wollte sie von meiner Arbeit hören. Ich erklärte so viel ich konnte, ohne das Risiko, dass sie sich langweilte, zu groß werden zu lassen. Als wir uns auf dem Bürgersteig verabschiedeten, bot sie mir beide Wangen zum Kuss.

Ich wohnte in der rue Vaugirard, in der Nähe des Jardin du Luxembourg. Die Manie für Zahlencodes, die man eintippen muss, um die Haustür des Gebäudes, in dem man eine Wohnung hat, öffnen zu können, war noch nicht bis zu meinem Quartier vorgedrungen. Nach dem Thanksgiving-Essen ging ich in ein Kino an den Champs-Élysées und stärkte mich danach mit einem croque monsieur und einem Glas Rotwein. Gegen neun kam ich nach Hause, ging die Treppen hinauf und fand Lilly zusammengerollt auf dem Fußboden vor meiner Tür. Sie war eingeschlafen oder einfach umgekippt. Vielleicht gibt es eine Kombination aus beidem. Der Geruch nach hochprozentigem Alkohol war ziemlich stark. Ich rüttelte sie wach. Sie kam fast sofort zu sich und sagte: Oje, hast du mich lange warten lassen. Wir traten in die Wohnung ein, die so ungemütlich war, wie Orte eben sind, an denen man allein, sogar ohne Hund oder Katze, lebt und nichts sich rührt, solange man fort ist, es sei denn, Einbrecher wären inzwischen vorbeigekommen. Das war an diesem Abend nicht geschehen. Ich führte Lilly zu einem Sessel im Wohnzimmer, schaltete überall Licht an und zeigte ihr den Weg zum Bad. Sie kam sehr munter wieder heraus, obwohl ich das Geräusch von heftigem Würgen gehört hatte. Ich bot ihr Kaffee oder Tee an, sie lehnte jedoch beides ab und verlangte Whiskey. Widerstrebend gab ich ihr einen und mischte mir einen schwächeren. Der Mistkerl, sagte sie, der dreckige Mistkerl. Nach und nach kam alles heraus. Im Anschluss an das Dinner bei der Restaurantkritikerin war sie zu einer Party gegangen, die das Büro des großen Politikers feierte, im Apartment eines *New York Times*-Auslandskorrespondenten, der über viele Wahlkampagnen ihres Bosses berichtet hatte; und im Lauf des Abends erfuhr sie aus einer zufällig aufgeschnappten Bemerkung, dass eine andere Dame aus dem Harem, die auf der Party auffällig durch Abwesenheit glänzte, deshalb nicht da war, weil der große Mann sie nach Brüssel mitgenommen hatte. Dieser verlogene Mistkerl, sagte sie. Mir hat er erzählt, ich könne nicht mitkommen, weil der Botschafter es nicht verstehen würde, denn der sei bei seiner Hochzeit mit dieser Gans dabei gewesen, von der er immer noch nicht geschieden ist. Was würde der Botschafter nicht verstehen? Dass sein Klassenkamerad mich fickt? Wo lebt denn dieser Vollidiot? Liest er keine Zeitungen? Danach brach sie in Tränen aus. Als sie sich wieder beruhigt hatte, erklärte sie mir, ich sei immer ihr Freund geblieben, wahrscheinlich der einzige, und sie habe von Anfang gehofft, dass es so sein werde, zwischen uns könne sich nichts ändern. Sie erspähte meinen Plattenspieler und ging zielstrebig, ohne Gleichgewichtsprobleme, sogar leichtfüßig, zu dem Regal, in dem ich meine Schallplatten aufbewahrte, suchte «Dido und Äneas» heraus und legte sie auf den Plattenteller. Ich liebe diese Musik, und ihr ging es offensichtlich genauso, und ich war froh, sie mit Lilly zusammen zu hören. Sie spielte meine Purcell-Platten eine nach der anderen. Sie hatte meine Whiskeyflasche, den Eisbehälter und Flaschen mit Sodawasser gefunden und baute diese Vorräte auf dem Couchtisch auf.

Weißt du noch, mein Sofa? Jetzt ist es umgekehrt. Couch, Whiskey, Platten, Wohnung, Paris, alles gehört dir. Ich habe nichts.

Darauf wusste ich nichts zu sagen, aber ich wusste, dass ich sie nach Hause schaffen musste. Mein Auto steht im Hof, erklärte ich ihr. Das ist auch neu, dass ich ein Auto habe. Darf ich dich zu deinem Hotel fahren?

Auf keinen Fall, gab sie zurück, niemals. Zu diesem Mistkerl und seinen Schweinen will ich nicht mehr. Wenn du mich rauswirfst, schlaf ich auf den *berges* an der Seine. Ich geh ins Wasser.

Ich sah, dass sie wieder betrunken war. Das Bett in meinem Gästezimmer war bezogen. Ich sagte, gut, ich habe ein sauberes Zimmer und ein sauberes Bett für dich. Du hast heute allerhand mitgemacht, du solltest schlafen gehen.

Du hast in meinem Bett geschlafen, antwortete sie. In dein Gästezimmer gehe ich nicht, ich gehe mit dir ins Bett. Keine Sorge, du musst deinen kleinen Mann nicht in mich reinstecken. Ist ja widerlich, eine Beschickerte zu ficken.

Natürlich gingen wir zusammen ins Bett, sie entkleidet und ich in meinem Pyjama, und mein Penis blieb nicht in der Hose, denn danach stand ihr nicht der Sinn. Es war ganz anders, als ich erwartet hatte, dieser unser lange aufgeschobener Geschlechtsverkehr. Bei ihrem bewegten Leben, von dem sie mir einiges erzählt hatte, und bei dem unstillbaren Hunger auf stark gewürzte Kost, der dem wichtigen Politiker nachgesagt wurde, müsse sie im Bett sehr einfallsreich sein, hatte ich angenommen, aber statt dessen war es so, als schliefe man mit einer Frau, mit der man immer schon vertraut war und seit vielen Jahren verheiratet ist.

Es war wohl nicht so, wie du dir vorgestellt hast?, fragte sie am nächsten Morgen beim Frühstück.

Ich schüttelte den Kopf und sagte, nein, es sei anders gewesen. Aber vielleicht hätte ich es gerade deswegen umso schöner gefunden.

Das dachte ich mir, sagte sie. Dann fügte sie hinzu, ganz ohne Zusammenhang, wie mir schien: Ich war letztes Wochenende in Beaune, beim Dinner der Tastevins. Er – sie nannte den Namen der politischen Größe – wurde zum Kommandeur von Gottweißwas ernannt. Am Sonntagmorgen hatten alle einen fürchterlichen Kater, aber ich war in der Kathedrale und weinte und betete für uns alle. Ich betete für dich.

Unmittelbar danach ging sie.

Ich wusste nicht, wen sie mit «uns alle» gemeint hatte. Vielleicht nur ihre Familie und all ihre Freunde. Vielleicht schwirrte ihr irgendeine phantastische Anspielung im Kopf herum, Katerstimmungen erzeugen ja oft merkwürdige Assoziationen, vielleicht meinte sie etwas in der Größenordnung von Gertrude Steins «you are all a lost generation» – ihr alle seid eine verlorene Generation. Es spielte keine Rolle. Ihre Worte bewegten mich sehr, wirkten weiter und blieben mir im Gedächtnis, bis ich Lilly das nächste Mal sah. Zu diesem Zeitpunkt war der große Politiker schon nicht mehr, er war plötzlich gestorben und hatte seinen Harem, seinen politischen Apparat und vieles mehr in Unordnung zurückgelassen. Lilly, das wusste ich, war für kurze Zeit nach Cambridge zurückgekehrt und hatte dann – ganz überraschend – einen Mann geheiratet, der gut fünfzehn Jahre älter war als sie, mit Immobiliengeschäften in Illinois einen Haufen Geld gescheffelt hatte und nun fand, er habe genug davon und könne sich seiner wahren Passion widmen, der rechtsextremen Politik. Zu diesem Zweck kaufte er überall im Mittelwesten eine Reihe kleiner und mittelgroßer Zeitungen, die seine Ansichten verbreiteten. Lilly und er wohnten in Chicago. Angesichts Lillys Herkunft, Erziehung und Überzeugungen, ganz zu schweigen von dem Dienst, den sie der libe-

ralen republikanischen Tradition durch ihren hinge-
bungsvollen Einsatz für den großen Politiker erwiesen
hatte, war es unfasslich, dass sie diesen Mann heiratete
und bei ihm blieb. Und doch war es so. Wer aus unserem
Kreis sich noch an die alten Zeiten in Cambridge und an
das Poets' Theater erinnerte, konnte nur den Kopf schüt-
teln, wenn er von dieser neuen Entwicklung in Lillys Leben erfuhr.

Ich lebte wieder in New York, und eines Abends, bald
nach Beginn der ersten Amtszeit von Ronald Reagan, saß
ich mit Hooker beim Abendessen im Giovanni's. Hooker
war zweimal verheiratet gewesen und zweimal geschieden; ich hatte nicht wieder geheiratet. Am Ende des vergangenen akademischen Jahres war er auf eine Professur
in Harvard berufen worden, eine Ehre, die noch nie einem
so jungen Menschen wie ihm zuteil geworden war. Ich
hatte gerade das Buch veröffentlicht, von dem ich schon
in meiner Schulzeit geträumt hatte, das Buch, das die Folgen von Königgrätz bis zum Sieg der Alliierten im Ersten
Weltkrieg nachzeichnete. Wir waren ganz auf unsere
Unterhaltung und die Antipasti konzentriert, da merkte
ich, so wie wir einen auf uns gerichteten Blick spüren, ohne in die Blickrichtung zu sehen, dass am anderen Ende
des Raumes jemand Kontakt mit mir aufnahm. Ich sah
hin, und da war Lilly mit einem Mann, der meiner Vorstellung von ihrem Ehemann genau entsprach. Bevor ich
zu einer grüßenden Geste ansetzen konnte, kamen sie
schon zu unserem Tisch. Hooker und ich standen auf. Wir

stellten uns gegenseitig vor. Der Ehemann fing an zu reden, über mein Buch und dass wir uns unbedingt kennen lernen müssten und dass sie häufig in New York seien und ein *pied à terre* im Sherry Netherland hätten. Ich sagte, sehr gern, sobald ich aus Europa zurück sei. Ich sei im Aufbruch zu längeren Ferien, die in Venedig beginnen würden.

Venedig, sagte Lilly. Ich habe dir die wichtigste Regel beigebracht, dass man in einer Gondel dort ankommen muss. Weißt du noch?

Jedes Wort, das du gesagt hast, erwiderte ich. Als wäre es gestern gewesen.

Sie gingen an ihren Tisch zurück, und Hooker, der ein unfehlbares Gedächtnis hatte, sagte: Ach, das ist das Mädchen, mit dem du in Venedig verabredet warst! Ich nickte. Wir schwiegen einen Moment und nahmen dann unsere Unterhaltung wieder auf.

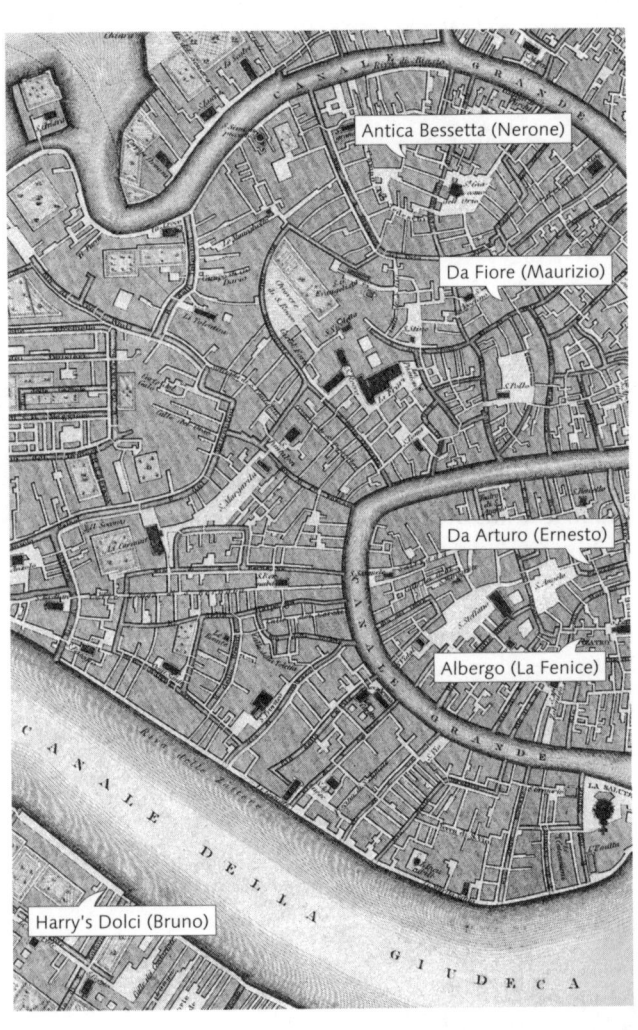

Antica Bessetta (Nerone)

Da Fiore (Maurizio)

Da Arturo (Ernesto)

Albergo (La Fenice)

Harry's Dolci (Bruno)

Anka Muhlstein

Die Schlüssel zu Venedig

Seit zwanzig Jahren verbringen wir, mal im Frühling, mal im Herbst, zwei Wochen in Venedig. Diese Aufenthalte sind mit der Zeit Arbeitsferien im Sinne von Colette geworden – *les vacances c'est travailler ailleurs* – und geben meinem Mann die seltene Gelegenheit, ungestört, ohne ständige Unterbrechungen zu schreiben. Dabei ist er als Romancier in der glücklichen Lage, sich alles aus dem Kopf zu ziehen, während ich als bescheidene Biographin auf Bücher, Lexika und Enzyklopädien angewiesen bin. Da wir es aber verabscheuen, mit einer Handbibliothek zu reisen, schreibe ich kaum, sondern lese, korrigiere und lese noch einmal.

Früher war das anders. Ehe Louis 1989 zu schreiben begann, haben wir lange Spaziergänge gemacht, die oft ins Ungewisse führten, haben uns Gemälde angesehen, gingen in Konzerte oder versuchten, uns mit Überredungskunst Zutritt zu Orten zu verschaffen, die für Fremde wie uns normalerweise verschlossen blieben. Zu unseren größten Triumphen zählen ein Besuch in der Biblioteca

Marciana, in der wir dank unserer frei erfundenen Freundschaft zum Direktor der New Yorker Public Library die Erstausgaben von Dante besichtigen durften, oder eine ruhige Stunde im Baptisterium von San Marco unter Führung eines offiziellen Aufsehers. Der hatte unseren Bitten gerührt nachgegeben und, als wir ihm danken wollten, elegant erwidert, unsere Freude an der Betrachtung «seiner» Schätze sei ihm eine tröstliche Entschädigung gewesen für den Anblick der Touristenhorden – *il gregge di pecore* –, die täglich in die Kathedrale einfielen und mit schleifenden Schuhsohlen den wunderbaren Fußboden verkratzten. Aber leider hatte unsere Methode nicht immer Erfolg. Der Wächter von San Sebastiano widerstand unserem Charme, unserem Status als Fernreisende und unserer Leidenschaft für Veronese. Jahrelang hatte er die Kirchentüren nur für eine kurze Messe geöffnet, und eine Ausnahme kam nicht in Frage. Unbeugsam blieben auch der Portier des Seminario Patriarcale und der Hüter des Konservatoriums.

Nach und nach aber lernten wir die Stadt kennen, und schließlich ging ich ohne Faltplan in der Hand spazieren. Zum einen hatte ich begriffen, dass man sich, ganz im Gegensatz zu meinem ersten Eindruck, in Venedig nicht verirren kann – man muss nur dem Strom folgen, um entweder unter dem berühmten Uhrturm vor San Marco oder am Fuß des Rialto zu landen –, und außerdem hatte ich bald meine persönlichen Wegweiser: Ein Schaufenster, ein Schild, eine Schnitzerei an einer Tür zeigten mir, wo ich abbiegen musste. Der eigentliche Sport bestand nun darin, gezielt den Touristen aus dem Weg zu gehen: Das Viertel um San Marco war bis zum frühen Abend ungenießbar. Um die Basilika zu betreten, musste man entweder zur Vesper gehen oder durch den Seiteneingang schlüpfen und den Aufpasser mit ernster Miene um Einlass zum *pregare* bitten. In der Gegend von Santa Madonna dell'Orto entdeckten wir ein stilles Venedig, bevölkert von Hausfrauen, Kindern und Rentnern in Pantoffeln, während uns beim Bummel am Cannaregio-Kanal geschäftiges Treiben und reges Leben entgegenschlug. Manche Plätze, etwa vor San Francesco della Vigna oder hinter dem Arsenal, waren beherrscht von den schnellen, zielstrebigen Schritten einheimischer Passanten, auch zu erkennen an ihrem Geschick, jedem noch so unverhofften Fußball auszuweichen. Venedig war uns vertraut geworden. Die überschäumende Neugierde der Anfänge hatte sich gelegt. Die tägliche Arbeit in den Nachmittagsstunden – der Morgen blieb für Spaziergänge reserviert – war der beste Beweis, wie sehr wir uns in der Lagunenstadt zu Hause fühlten. In dieser Hinsicht hatten wir uns verändert, aber es gab ein Prinzip, an dem wir eisern festhielten: Wir wollten niemanden sehen.

Grüppchenweise durch die Gassen ziehen, immer besorgt, dass keiner den Anschluss verliert; Verabredungen treffen, die unweigerlich schief gehen, weil die einen in das falsche Vaporetto gestiegen sind und die anderen die Gesuati- mit der Gesuiti-Kirche, den Palazzo Bembo mit dem Bembo-Boldù oder den Contarini mit zehn anderen Palazzi Contarini verwechselt haben; die Abende bei einem Gläschen Wein und Gesprächen über Politik mit Freunden verplaudern, zu denen wir in New York oder in Paris ständigen Kontakt hatten – nein, das wollten wir nicht, nicht hier, wo wir in Gedanken ganz mit unseren realen oder fiktiven Personen beschäftigt waren. Aber in der winzigen Lagunenstadt allen Menschen aus dem Weg zu gehen, ist eine Illusion.

Glücklicherweise haben wir ein Alibi in Gestalt einer reizenden Nichte, die Venedig zu ihrer Wahlheimat erkoren hat. Jeden Versuch, eine Verabredung vorzuschlagen, erwidern wir mit dem immer gleichen Satz: «Tut uns leid, wir sind zum Essen, zum Frühstück, zum Kaffeetrinken bei Marie.» Und so treffen wir niemanden außer denen, die wir täglich selbst aufsuchen: die Wirtsleute, die *Padroni,* und Kellner unserer Lieblingsrestaurants.

Auch wenn unsere Gewohnheiten etwas rigide wirken mögen, muss ich noch eine andere Vorliebe zugeben: Sobald wir ein Lokal finden, das uns gefällt, nisten wir uns vorbehaltlos ein. Wir sind glücklich, jeden Abend am selben Tisch zu sitzen: Das Menü birgt keine Überraschung mehr – für Louis gibt es ohnehin nichts Schöneres, als jeden Tag das Gleiche zu essen –, wir werden herzlich empfangen, sind zu Hause und haben doch den unschätzbaren Vorteil, nicht selbst Geschirr spülen zu müssen. Aber wie in ganz Italien wird auch in Venedig mit dem *riposo settimanale* nicht gespaßt, und alle Etablissements legen pro

Woche zwei Ruhetage ein. Man braucht also ein ausgefeiltes Rotationssystem, um zu überleben. Im Lauf unserer zwanzig Jahre Venedig sind uns vier Restaurants ans Herz gewachsen, und die Begegnung mit ihren *Padroni* und dem Bedienungspersonal hat uns die Stadt und ihre Einwohner auf besondere Weise näher gebracht.

Don Ernesto war der erste, der uns in seinen Bann zog. In Venedig geht man früh zu Bett. Viele Touristen, die sich tagsüber in Scharen auf der Piazza San Marco tummeln, fahren abends aufs Festland zurück. Die Tagespläne der Reiseleiter beginnen meist in aller Herrgottsfrühe: Man kommt nicht zum Vergnügen, und die Kulturverpflichteten werden getrimmt, sich ab dem Morgengrauen auf Bildung einzustellen. Kein Wunder, dass ihre Abende eher kurz ausfallen. Einmal hatten wir uns Karten für die Oper besorgt, wollten aber ganz nach unserer Gewohnheit erst nach der Vorstellung essen. Also beschlossen wir, uns vorab bei einem Bummel durch das Viertel von La Fenice ein geeignetes Lokal zu suchen. In einer der umliegenden Gassen, die den etwas schaurigen Namen *Calle dei assassini* trug, entdeckten wir ein kleines Restaurant, so zurückgezogen und versteckt, dass wir fast vorbeigelaufen wären. Nichts als ein schmaler langer Raum, in hellem Holz gehalten, die Wände mit eingerahmten Banknoten bedeckt. Durch das Fenster sah man einen stattlichen beleibten Mann, dem ein hoch aufgeschossener jüngerer beim Tischdecken zur Hand ging. Ein zaghaftes

Klopfen – schon blickte er auf und kam an die Tür. Ob wir zu später Stunde, also nach der Oper, noch bei ihm essen könnten, fragte Louis. «Da haben Sie Glück», erwiderte der Mann. «Heute singt die Anderson. *Beatrice Cenci* wird gegeben, oder? Natürlich erwarte ich Sie gern! Keine Sorge. Aber sagen Sie: Mögen Sie Wein, einen guten Roten?» Wir konnten genug Italienisch, um eine so einfache Frage zu verstehen und begeistert zu antworten. «Dann ist ja alles perfekt», sagte er. «Ich stelle Ihnen einen *vino di riserva*, *capo di stato*, bereit.»

Die Stimme und die Schönheit von June Anderson, die wir zum ersten Mal hörten, sind mir in berückender Erinnerung geblieben. Noch nachhaltiger aber hat sich mir die Szene unserer Ankunft bei Ernesto eingeprägt. Wir waren allein. Auf einem Tisch stand, gut gefüllt, eine landestypische Karaffe, daneben eine schwarze Flasche. Der italienische Wein, der schwere Rote, versteht sich, muss atmen, bevor man ihn trinkt. Ernesto hatte sich auf uns verlassen und eine große Flasche Amarone entkorkt und dekantiert. «Na, wie war unsere June? Hat sie gut gesungen? Wirklich schade, dass ich sie nicht hören konnte!» Dabei reichte er uns die Speisekarte. Eine Überraschung für Venedig: keinerlei Fisch, weder Krabben noch Garnelen oder Tintenfisch, stattdessen eine satte Auswahl an Fleisch. Deftige, in Essig gezogene panierte Schweinekoteletts, Pfeffersteaks, Rumpsteaks *alla campagnola*, aber auch, höchst unerwartet, Hamburger aus frischem, selbst gehacktem Rinderfilet, die Ernesto uns empfahl, ehe er wieder in dem Nebenraum verschwand, den ich kaum als Küche zu bezeichnen wage: winzig klein, voll gestellt mit Regalen und einem gewaltigen Sechs-Flammen-Herd, so eng, dass es unvorstellbar war, wie sich zwei Männer hier bewegen sollten, und noch unvorstellbarer, wie sie es fertig brachten, bis zu dreißig Gäste zu bekochen. Denn auch der lange Raum, in dem wir saßen, war nicht größer als ein halber Speisewagen. Aber er hatte eine geheimnisvolle zweite Dimension. Die schmalen Bänke ließen sich so umstellen, dass mit ein paar Handgriffen Tische für vier oder acht Personen geschaffen werden konnten. Ernesto und der junge Mann beherrschten diese Kunst wie einen Zaubertrick.

Louis erklärte, er habe noch nie einen so guten Hamburger gegessen. Auch die Vorspeise, *penne al gorgonzola*, hatte wunderbar geschmeckt. Wir baten Ernesto zu einem gemeinsamen Glas Wein und beschlossen, am nächsten Tag um eine menschlichere Zeit wiederzukommen. Diesmal war das Restaurant gerappelt voll, ein modisches Volk junger Leute, die sich zwanglos auf Italienisch, Französisch oder Englisch unterhielten. Offenbar kannten sich die anwesenden Gruppen, und die Preise, mit denen Ernesto operierte, waren abschreckend genug, um seine Tische von kleinlichen Gelegenheitstouristen freizuhalten, die sich mit einem Teller Spaghetti und einem Glas Bier begnügten. Mittags herrschte eine ganz andere Atmosphäre: Ab 12 Uhr füllte sich der Raum mit venezianischen Herren in dunklen Anzügen, Antiquaren, Ärzten oder Anwälten aus dem Viertel, die ihre festen Gewohnheiten hatten und, wie man sich vorstellen konnte, womöglich gar ihren eigenen Serviettenring. Ernesto, der sie alle mit Namen ansprach, bot ihnen einen Mittagstisch, der in einer köstlichen Zubereitung der Reste vom Vorabend bestand. Für ein paar Stunden nahm das Lokal den Charakter einer Familienpension an.

Abends waren wir oft die letzten Gäste. Wenn das Dessert gegessen und der Kaffee aufgetragen war, baten wir Ernesto an unseren Tisch, die Flasche Wein mit uns zu leeren. Sein improvisiertes Französisch passte gut zu unserem geradebrechten Italienisch – einer Verständigung stand nichts im Weg.

Als Ernesto gegen Ende der fünfziger Jahre begann, sein eigenes Geld als Kellner zu verdienen, lag Venedig noch den ganzen Winter über im Tiefschlaf. Das bedeutete zwangsläufig Saisonarbeit: Im Sommer fand man ihn in Venedig, zuerst im Restaurant *Saturnia*, dann in der *Caravelle*, den Winter über arbeitete er in Deutschland oder Frankreich, meistens im *Sunbeach* in Aix-les-Bains. «Ein hartes Leben», sagte ich, worauf er schulternzuckend lachte. «Halb so schlimm.» Er kam aus einer Fischerfamilie in San Pietro in Volta, einem Dorf auf der schmalen, drei Kilometer langen Insel Pellestrina südlich des Lido, und hatte beschlossen, sein Leben nicht auf einer Barke zu fristen und den Fischen nachzujagen. Lieber wollte er festen Boden unter den Füßen haben, in den Restaurants sein Geld verdienen und regelmäßig etwas beiseite legen.

1964 war er so weit: Er konnte heiraten, gerade dreiundzwanzig Jahre alt. Mit seiner Frau und den beiden kleinen Töchtern, die bald geboren wurden, wohnte er im Haus der Familie, wo auch sein Vater und seine Tante lebten. Er hatte es ziegelrot gestrichen, neue Fliesenböden gelegt und ein modernes Badezimmer installieren lassen – ein Badezimmer mit Bidet, der Skandal der ganzen Nachbarschaft! Wozu mochte ein Bidet wohl dienen, fragten sich die Besucher? Das mussten ja schöne Sauereien sein, die der Ernesto in Frankreich gelernt hatte!

Am 4. November 1966, einen Tag vor seiner Abreise nach Frankreich, brach das gewohnte Leben völlig zusammen: Venedig und Umgebung erlebten die schlimmste Überschwemmung des Jahrhunderts. Nie sprach Ernesto von den Einzelheiten dieser Katastrophe – lieber unterhielt er sich über den Weinanbau oder die Oper, besonders seinen geliebten Verdi –, aber 1996 schenkte er uns ein schmales Buch des venezianischen Journalisten Roberto Bianchin, der dem verheerenden Ereignis auf den Spuren seines Freundes Ernesto nachgegangen war. Als ich es gelesen hatte, fühlte ich mich wie betäubt. Auch ich hatte in Venedig schon Hochwasser erlebt und die Laufstege benutzt, einfache Holzplanken, die in Windeseile auf fünfzig Zentimeter hohe Gestelle montiert werden, wenn die Flut in die niedrig gelegenen Stadtteile einbricht, aber ich hatte keine Vorstellung, was für eine Katastrophe eine wirkliche Überschwemmung für die auf dem Wasser erbaute Stadt bedeuten konnte. Unaufhörlich bestürmte ich Ernesto mit Fragen, so lange, bis ich mir ein genaues Bild vom Verlauf seiner Geschichte während dieser dramatischen Tage machen konnte.

Einen Tag vor seiner Abreise nach Frankreich, man schrieb Donnerstag, den 3. November, hatte er mit seiner Frau Liliana das Frühschiff von San Pietro nach Chioggia genommen, einem Hafen am südlichen Ende der Lagune, der durch eine Brücke mit dem Festland verbunden ist. Donnerstags war in Chioggia Wochenmarkt, und Ernesto brauchte ein Paar neue Schuhe, bequeme Laufschuhe mit Kreppsohlen, die seine Füße warm und trocken hielten. Nachmittags fuhren sie zurück, die neuen Schuhe in die rosa Seiten eines Sportjournals gewickelt. Es regnete, die Flut stieg, stürmischer Wind kam auf und der graue Himmel verdüsterte sich. Ernesto und seine Familie gingen früh schlafen. Um Mitternacht wurde er von den Stimmen laut diskutierender Fischer vor dem offenen Fenster geweckt. Rasch schlüpfte er in seine Jeans, zog einen Pullover über und lief barfuß nach unten. Als er seine Füße auf das Straßenpflaster setzte, spürte er das Wasser, das schon an den Mauern seines Hauses leckte. Bei Sturm und höchstem Tiedenstand konnte so etwas passieren, in ein paar Stunden war es sicher vorbei. Nur den Fischern schien das nicht so sicher: Der Wasserstand hätte bereits sinken müssen. Doch das Gegenteil war der Fall – er stieg immer noch, langsam und lautlos. Heftige Böen schüttelten das Haus. Ernesto legte sich wieder schlafen. Was sollte er auch tun? Aber im Morgengrauen

schreckte er aus dem Bett. Was war das für ein ohren-
betäubender Lärm? Eine Explosion? Ein Donnerschlag?
Schlimmer noch, es war der Deich, der nachgegeben hatte. Der lange Steinwall, der die Insel und die Stadt vor dem
Meer schützte, war gebrochen. Aus den Fenstern sah man
nichts als Wasser. Das Erdgeschoss war überschwemmt.
Ernesto zögerte keinen Moment: Er krempelte die Hosen
hoch und versuchte zu retten, was zu retten war. Alles,
was er tragen konnte, brachte er ins oberste Stockwerk,
bis zur Erschöpfung rannte er die Treppe hinauf und wieder hinunter, aber der Kampf war vergeblich: Das Wasser
stieg und stieg. Die Familie flüchtete auf den Speicher, den
Aufbewahrungsort der großen Fischernetze, die in stun-
denlanger Arbeit von den Frauen repariert wurden. Wer
überleben wollte, musste fort – aber wie?

Plötzlich wurden Rufe laut. Zwei Bauern, die sich auf
einem *saltafossi*, einer flachen Barke, mühsam im Gleich-
gewicht hielten, hatten sich dem Haus genähert, um die
Bewohner herauszuholen. Die Evakuierung war also an-
geordnet worden. Auf dem offenen Meer lag ein Schiff bereit, das die Geretteten zum Lido bringen sollte, doch nur
kleine Boote konnten durch die schmalen Gassen bis zu
den Häusern vordringen. Dabei war es höchste Zeit.
«Macht schon, Leute, schneller, und höchstens eine Tasche pro Person!» Ernesto nahm eine Decke, eine Flasche
Milch für die Kleinen und trockenes Brot. Seine Frau griff
ihren Ohrschmuck, die Ringe und das wenige Geld, das
sich in der Wohnung befand. Sinnlos, sich zu beladen. Es

war schwierig genug, den Vater zum Verlassen des Hauses zu bewegen. An Bord fand Ernesto seine Schwester mit ihren fünf Kindern, seine Mutter, seine Freunde, seine Nachbarn wieder. Binnen weniger Stunden wurden so viertausend Menschen in Sicherheit gebracht. Nur ein paar Jugendliche verweigerten sich und harrten, abenteuerlustig und flaschenweise Rotwein trinkend, auf den Dächern aus.

Die Ankunft am Lido war rau. Alle Stege waren abgerissen, die Schiffsbrücken zerstört. Erst nach mehreren Anläufen konnten die Flüchtlinge aussteigen und wurden mit Bussen durch Pfützen und Wasserlachen zum Hospital befördert, das unbequeme Notquartiere bot. Wie Venedig und die Nachbarinseln lag auch der Lido im Dunkeln. Kein Strom, keine Heizung, keine Lebensmittel und für jede Familie ein einziges Bett im großen Saal der Aufnahmestation. Ernestos Töchter begannen zu weinen. Geistesgegenwärtig hatte er an die Milch gedacht, aber nicht an die Fläschchen. Wie also sollten sie ihnen zu trinken geben? Eine Krankenschwester, die sich Decken verteilend im Saal zu schaffen machte, ließ ihn einfach stehen. Die Babysachen befänden sich in einem anderen Pavillon, der aber nicht zugänglich sei. Ernesto wühlte in seiner durchnässten Hosentasche, zog einen säuberlich gefalteten, ebenfalls durchtränkten Geldschein heraus – den Zehntausend-Lire-Schein, den er für die Reise nach Aix-les-Bains an ebendiesem Tag vorgesehen hatte – und steckte ihn der Krankenschwester zu. Eine halbe Stunde später brachte sie ihm eine Kerze und zwei Fläschchen. Die beiden Kleinen schliefen auf dem Bett in den Armen ihrer Mutter ein, während Ernesto sich erschöpft auf den Boden legte.

Am Samstag stand er im Morgengrauen auf und gesellte sich zu einer Gruppe von Männern, die sich an der Eingangstür versammelt hatten, trübsinnig, aber erleichtert. Das Schlimmste war vorüber, das Wasser sank, der Wind hatte sich gedreht. Und die Insel? Sie war noch da. Und Venedig?

Venedig hatte eine Schreckensnacht erlebt, vollständig isoliert vom restlichen Italien: Zwölf Stunden hatte das Wasser zwei Meter über dem Meeresspiegel gestanden. Von außen war keinerlei Hilfe gekommen. Die völlig überraschten Sicherheitskräfte – nichts in den Wettervorhersagen hatte eine derartige Sturmflut ahnen lassen – konnten nur ein paar hundert alte Leute aus ihren Wohnungen im Erdgeschoß befreien. Denn eine Stadt wie Venedig, in der man sich über das Wasser fortbewegt, ist durch Überschwemmungen verwundbarer als jede andere. Bei der Hochwasserkatastrophe von 1911, als in Paris die Seine über die Ufer getreten war und manche Viertel einen ganzen Meter unter Wasser gesetzt hatte, konnten sich die Menschen mit Booten bewegen. Eine Möglichkeit, die in Venedig ausgeschlossen ist: Wenn die Gassen voll gelaufen und die Kanäle angeschwollen sind, bleiben die Barken liegen, weil sie entweder nicht über die Brücken hinweg oder aber nicht unter den Brücken hindurch können. Die Stadt war also vollständig gelähmt, Behinderte und Kranke mussten huckepack gerettet werden. Es war unmöglich, die Menschen mit dem Notwendigsten zu versorgen. Nirgends konnte etwas abgeladen werden. Die Seuchengefahr wuchs, weil die Märkte davongeschwommen waren und alles auf dem Wasser trieb: Tierkadaver, Federvieh und tote Fische, faulendes Obst und Gemüse. Manche Venezianer sammelten in ihrer Unwissenheit die angespülten Fische auf, um sie zu verzehren, und es gab Händler mit genügend krimineller Energie, die vor ihre Tür geschwemmten, aufgedunsenen toten Hühner zum Verkauf anzubieten. Die Gesundheitsbehörden beschlossen eine Generaldesinfektion und eine präventive Impfkampagne. Im Augenblick dachte jeder nur an sich selbst und an die Seinen.

Auf dem Lido versammelten sich Ärzte, Krankenschwestern und Rot-Kreuz-Helfer. Die Evakuierten wurden in einen anderen Pavillon verlegt. Ernesto hielt die Stunde für gekommen, mit seinem Vater nach San Pietro zurückzukehren, um zu sehen, ob das Haus noch stand. Die Frauen und Kinder sollten abwarten. An der Anlegestelle fanden die beiden Männer ein Schiff, das bereit war, sie in ihr Dorf zu bringen. Als sie von Ferne das Dach ihres Hauses erblickten, fiel ihnen ein Stein vom Herzen. In den verwüsteten Straßen kamen sie nur langsam voran: Zerschmettertes Mobiliar, Küchenherde und alte Fernsehgeräte versperrten den Weg. Die Flut hatte sämtliche Einrichtungsgegenstände aus den Häusern gespült. Als

Ernesto und sein Vater endlich vor ihrem Haus angelangten, fanden sie es ohne Tür. Es bestand nur noch aus den Wänden und dem Kamin, gefüllt mit einem Meter Schlamm. Ohne sich mit Klagen aufzuhalten, krempelten Vater und Sohn die Ärmel hoch und machten sich an die Arbeit. Eine Schaufel war nicht in Sicht, auch sonst keinerlei Werkzeug, also entfernten sie den Schlamm mit bloßen Händen und einem rostigen alten Kanister, den sie über der Lagune auskippten. Schließlich legte Ernesto eine Pause ein, um die Lage im Dorf zu erkunden. Prompt stieß er auf die beiden Bauern, die am Vortag bei der Evakuierung der Bevölkerung geholfen und die Insel seither nicht verlassen hatten: Sie hatten ihr Boot gegen ein Fischernetz getauscht, ein kleines Netz wie jene, mit denen man die Kinder am Strand spielen sieht. Durch die Flut waren dutzendweise Seebarsche auf den Kais gestrandet, die jetzt, etwas benommen, aber noch lebendig, leichte Beute abgaben. «Wie steht's, Ernesto, willst du nicht einen mitnehmen?»

Ernesto fand eine Kiste, die das nötige Kleinholz lieferte. Nachdem er seinen Fisch geschuppt und ausgenommen hatte, spießte er ihn mit der Spitze eines alten Regenschirms auf. Als es Abend wurde, hockten sich die beiden Männer müde und verdreckt ans Feuer und ließen sich das Gesicht verbrennen, während sie ihren Seebarsch mit den Fingern aßen. «Köstlich, dieser Barsch», sollte Ernesto seinem Journalistenfreund dreißig Jahre später sagen, «einfach köstlich! Der beste, den ich je gegessen habe!»

Ich habe Ernesto nie darauf angesprochen, mich aber immer gefragt, woher der Entschluss wohl rühren mochte, keinen Fisch auf die Speisekarte seines Restaurants zu setzen: Von der Überzeugung, einen so guten könne es nie wieder geben? Oder von seiner Furcht vor dem Meer und seiner Entscheidung gegen ein Leben als Fischer?

Natürlich kam Ernesto in diesem Jahr nicht umhin, seine Abreise nach Frankreich zu verschieben. Alles musste in eigener Handarbeit renoviert und erneuert werden – die Türen, die Fenster, der komplette Anstrich. Die Wände brauchten eine Verstärkung, die Böden viele Eimer Wasser, bis der letzte Dreck beseitigt war. Es hieß wieder bei Null anfangen, Schulden machen, um das Nötigste zu kaufen, denn die Hilfe, die den Geschädigten zugebilligt wurde, betrug gerade einmal hunderttausend Lire. Ernesto raffte seinen ganzen Mut, seine ganze Kraft zusammen. Als 1967 ein drittes Mädchen geboren wurde, siedelte die Familie nach Santa Maria del Giglio in Venedig über, wo sie noch heute lebt. Ab 1968 ging Ernesto in der Wintersaison nicht mehr ins Ausland. Die Touristen kamen mittlerweile zu jeder Jahreszeit, es gab Arbeit genug. Gemeinsam mit zwei Freunden eröffnete er ein großes Restaurant, das *Ala*, genau gegenüber der Kirche Santa Maria del Giglio, deren Fassade mit den Reliefs alter Stadtpläne mich jedes Mal in eine Traumwelt versetzt. Fünf Jahre später machte er sich selbständig, indem er auf eigene Faust eine Weinstube übernahm: *Da Arturo* stand auf dem Schild. Ursprünglich wollte er höchstens zwei

Jahre bleiben. Demnächst, 2003, feiert er sein dreißigjähriges Bestehen.

Er hatte San Pietro also verlassen, konnte dem Dorf aber aus der Ferne wieder die schönsten Reize abgewinnen und empfahl uns unermüdlich, einen Tag dort zu verbringen. «Sie werden sehen, wie hübsch es ist mit seinen bunten Häusern in Rot, Ocker oder Grün, der viereckigen Kirche, den Weinstöcken und Gemüsegärten.» Wie oft haben wir ihm zugehört und San Pietro immer noch nicht gesehen! Aber die größte Überraschung erlebten wir eines Montagabends im Oktober, als wir gerade angekommen waren und Ernesto uns mit den Worten empfing: «Da müssen Sie ja mitten beim New-York-City-Marathon in Manhattan abgefahren sein! Meine Tochter, die ein großer Sportfan ist, macht regelmäßig Lauftraining. Sie träumt davon, einmal in New York dabei zu sein.» Er sprach von Raffaella, der mittleren. Die jüngste, Elisabetta, war Architektin und als einzige der drei Schwestern in Venedig geblieben, während die älteste nach Kalifornien gegangen war, wo sie an der Universität von San Diego Philosophie lehrte. Ernesto und seine Familie hatten eine wahrhaft erstaunliche Entwicklung durchgemacht und die Schuhe mit den Kreppsohlen, die in der Flut versunken waren, gegen Siebenmeilenstiefel eingetauscht.

Unser zweiter *Padrone* war ein Mann namens Nerone. Freunde hatten uns sein Lokal, die *Antica Bessetta*, empfohlen. Von allein hätten wir es nie gefunden, weil wir nie auf die Idee gekommen wären, durch dieses Viertel von Venedig zu flanieren: Santa Croce, nur durch die wenig reizvollen Giardini Papadopoli von der umtriebigen, lärmenden Parkplatzwelt der Piazzale Roma getrennt. Obwohl der östliche Teil von Santa Croce vollkommen ruhig und altmodisch war, überquerten wir nur selten die Brücke zwischen dem hübschen Platz von San Giacomo dell'Orio und der Salizzada Zusto, in der sich Nerones Restaurant befand. Die Wegbeschreibung, die man uns gegeben hatte, war präzise genug, um nicht weiter nachzufragen, und doch so missverständlich, dass wir uns verirrten. Statt zur Riva di Biasio, ganz in der Nähe des Bahnhofs, liefen wir schnurstracks in Richtung San Biagio, genau ans andere Ende der Stadt, unweit des Arsenals. Als wir merkten, dass wir kehrtmachen und den ganzen Weg zurück laufen mussten, nahmen wir das Vaporetto – zu unerfahren, um zu wissen, dass das Schiff nicht unbedingt das schnellste Mittel ist, ans Ziel zu gelangen. Wir fuhren also den ganzen Canal Grande entlang und stiegen endlich an der Riva aus. Ein paar Ecken noch, ein paar unsichere Wendungen in menschenleeren Straßen, dann erblickten wir das Schild der Trattoria. Der Eingang führte durch einen großen Vorraum mit einer Bar und einigen Hockern, in dem selten Gäste anzutreffen waren. Außer an Tagen, an denen Hochbetrieb herrschte, spielte sich das Leben im hinteren Raum ab, dem Restaurant, denkbar schlicht und unprätentiös – weiße Papierdecken auf den Tischen, die Wände mit Gemälden bedeckt und in der Mitte ein massives Büffet, auf dem große Einmachgläser voller in Alkohol eingelegter Früchte, ein paar stechende Gladiolen und eine Obstschale mit Orangen und Bananen standen. Nerone gab uns einen Tisch. Rot oder weiß? Und schon kehrte er mit einer Flasche Landwein zurück, die er uns kommentarlos vorsetzte. Kein Probieren, kein Riechen, nicht einmal das Anbaugebiet konnten wir uns aussuchen. Er wandte sich unseren Nachbarn zu, brachte Kaffee, kam wieder und pflanzte sich vor uns auf, die Arme über der weißen Schürze verschränkt.

Er sah aus wie ein Bruder von Louis de Funès, dem Komiker, und wie ein Schauspieler besaß er das Talent, andere glauben zu machen, er spräche eine Fremdsprache, von der er eigentlich kein Wort verstand. Einen Augenblick war ich sicher, er könne Französisch. In Wirklichkeit aber hatte er sich für den Umgang mit Touristen ein vereinfachtes Italienisch zugelegt. «*Che facciamo?*», fragte er uns. Aber nur der Form halber. Eine Speisekarte existierte bei Nerone nicht. Er schlug etwas vor, und man akzeptierte. Die Küche war ganz und gar venezianisch, auf der Grundlage von Fisch, Krustentieren und Nudeln. Spaghetti mit Krabben, beste Qualität und hervorragend gewürzt, Tintenfisch, Aal, kleine gegrillte Seezungen, Hummer – das war es, was man bei Nerone bekam und was seine Frau Maruccia in der großen, an das Restaurant angrenzenden Küche zubereitete. Einfach, aber grandios. «Bei mir ist alles frisch», sagte er stolz. «Den Fisch von gestern werfe ich den Katzen vor.» Ich musste lachen, weil man ausgerechnet hier, vor seiner Tür und in den umliegenden Straßen, nie eine einzige Katze sah – ungewöhnlich für Venedig, wo selbst die kleinste Piazzetta einen Schlafplatz für ihre Katze hatte, manchmal sogar für zwei, mit einer Doppelnische, wo Miauen und Glockengeläut die ständige Geräuschkulisse waren, bis die neuen europäischen Richtlinien die Jagd auf streunende Katzen befahlen.

Hingerissen von Nerone kamen wir wieder und wieder und wurden so zu treuen Gästen. Den Weg kannten wir bald auswendig: Von der Accademia bis San Rocco mussten wir nur den Schildern zum Bahnhof folgen, dann zur Frari-Kirche abbiegen, links über die Brücke und hinter der Kurve immer der langen Straße nach, die ich die «Tennisstraße» nannte, weil mich das Drahtgeflecht über einer hohen Mauer an einen Tennisplatz erinnerte, um schließlich auf dem holprigen Campo von San Giacomo dell'Orio mit seiner schönen Kirche zu landen. Ein bewundernder Blick auf die ganz mit Jasmin bepflanzte Terrasse des Nachbarhauses, ein Lächeln für die lärmenden jungen Leute unter den Sonnenschirmen der Pizzeria, eine letzte Brücke, und wir waren am Ziel. Wie oben erwähnt, pflegen Louis und ich unsere Gewohnheiten, nur zweifelte Nerone an der Treue seiner Gäste und hatte deshalb eine unschlagbare Methode entwickelt, sich ihrer Wiederkehr zu versichern. Sobald es ans Zahlen ging, wurde er ganz und gar Louis de Funès, ein einziges gestikulierendes Mienenspiel: «Oh nein, kein Geld, bitte, morgen ist auch noch ein Tag. Kommt gar nicht in Frage, mein Herr, wir werden doch keine Schuldscheine unterschreiben. Wie wäre es mit einem kleinen Grappa, ehe Sie nach Hause gehen? Den werden Sie mir doch nicht ausschlagen?» Und am Ende des Aufenthalts wühlte er in seiner Schürzentasche, zog einen Zettel mit gekritzelten Zahlen heraus und nannte eine Summe, gegen die es selbstverständlich keinen Einwand gab.

Unter der Woche war es ruhig in der *Antica Bessetta*, und Nerone schaffte es allein, seine Gäste zufrieden zu stellen. Auch wenn er ständig zwischen den Tischen hin und her lief, war er doch so gut organisiert und autoritär genug – schließlich aß man nur, was er zu essen empfahl –, dass er nie überfordert schien. Freitags und samstags, wenn es in beiden Räumen voll wurde, bekam er Unterstützung von seinem Sohn Daniele, einem hübschen, ernsthaften, fast etwas schüchternen jungen Mann, der in Padua Medizin studierte und stets eine Hand voll Kommilitonen mitbrachte. Nerone ließ sie niemals Bestellungen entgegennehmen, sie durften die Speisen nur auftragen und die leeren Teller abräumen.

Am Abend vor den wöchentlichen Ruhetagen tauchte Maruccia aus ihrer Küche auf. Sie hatte ein schönes, vorzeitig gealtertes Gesicht, abgearbeitete Hände, und man sah ihrem Gang die Müdigkeit an. Ohne Aufhebens setzte sie sich, ein Glas Wasser in der Hand, neben ihren Mann an den Tisch, an dem wir unseren letzten Grappa tranken, und begann zu reden, langsam, auf Italienisch, mit der Gelassenheit derer, die sich nicht vorstellen können, dass ihr Gesprächspartner sie nicht unbedingt versteht. Dennoch fiel uns auf, dass sie statt des höflichen *Lei* das alte *Voi* gebrauchte, das unter dem Faschismus wieder in Mode gekommen war. Nerone unterbrach sie laufend, aber sie scherte sich nicht darum und erzählte weiter, meistens von Daniele, ihrem einzigen Sohn, dem Ersten aus der Familie, der über Venedig hinausgekommen war. Maruccia und Nerone verließen ihr Viertel nie. Zum Einkaufen ging Nerone auf den Rialto-Markt, manchmal brachten die Fischer oder Gemüsebauern ihm nach Hause, was er brauchte. Sonntags überquerte das Ehepaar gemeinsam die Brücke nach San Giacomo dell'Orio, das gewissermaßen ihr Stadtzentrum war. Als Schulkind hatte Daniele jeden Nachmittag dort verbracht, im Hort der Kirche, denn wenn auch die Eltern noch so müde, noch so beschäftigt waren, hatten sie ihn nie auf der Gasse spielen lassen. Von Ernesto waren wir gewöhnt, dass er über den Tellerrand von Venedig hinausblickte und seinen Gästen neugierige Fragen über die Stadt stellte, aus der sie kamen, die politische Lage in der Welt. Er war gewandt genug, mit der großen bulgarischen Sängerin Raina Kabaivanska über Musik zu reden, mit Sylvano Bussotti das Theater zu erörtern und mit Mauro Bolognini über das Kino zu diskutieren. Nerone dagegen war ganz in seinem Viertel Santa Croce verankert. Dort war er geboren, und er war nur einmal, ein einziges Mal in San Marco gewesen. Ich glaube nicht, dass Maruccia ihn begleitet hat. Mit seiner Sesshaftigkeit folgte er einer alten Tradition aus der Zeit, in der die Pfarr-gemeinden, stolz auf ihre Unabhängigkeit, ihre *capi di contrade* hatten, deren Einfluss durch die tägliche Ein-bestellung vor den Rat der Zehn bezeugt wurde: Der Rat hielt sich auf dem Laufenden, was so in der Luft lag, und das war meistens eine große Schlägerei, denn die Un-stimmigkeiten und Rivalitäten zwischen den Gemeinden wurden mit Fausthieben ausgetragen, jenen *battaglie di pugni*, die für den Adel, das Volk und die Besucher ein un-widerstehliches Schauspiel waren.

Als Daniele sein Medizinstudium beendet hatte, mach-te er ein Praktikum in den USA und kehrte schließlich nach Venedig zurück, um sich niederzulassen und zu hei-raten. Ob Maruccia mit dieser Lösung zufrieden war? Be-geistert jedenfalls wirkte sie nicht. Ihre Schwiegertochter, eine *dottoressa*, Fachärztin für Kinderheilkunde, schien ihr stets überarbeitet. Immer in Hetze, immer am Telefon, immer im Dienst. Das junge Paar aß im Stehen, außer wenn es in die Trattoria kam. Eine solche Lebensart konn-te niemandem bekommen. Und ein Baby war nicht in Sicht. Wie sollten sie auch ein Kind machen, bei diesem *Stress*? Stress auf Italienisch gab es natürlich nicht. Es war das einzige Fremdwort, das ich je aus Maruccias Mund ge-hört habe.

Ihre Augenringe wurden von Jahr zu Jahr tiefer. Eines Abends sagte uns Nerone, Daniele mache sich Sorgen um seine Mutter, die ein Magenleiden hatte. Eine Nichte half ihr kochen, und zu Nerones großer Erleichterung brachte Maruccia ihr all ihre Geheimnisse bei. Wir haben nie erfahren, wie die Geschichte weiterging. Als wir im folgenden Herbst wiederkamen, hatte Nerone sein Geschäft verkauft.

So wechselten wir also zu Mara und Maurizio. Unterwegs zu Nerone hatten wir immer den kürzesten Weg gewählt, weil wir jedes Mal in Eile waren und meistens zu spät. Es fällt schwer, den Stift aus der Hand zu legen, wenn man beim Schreiben gerade gut im Rhythmus ist und einen Gedanken verfolgt, um einen Absatz abzuschließen. Ebendarum entzogen wir uns Einladungen und Verabredungen: um uns an keine festen Zeiten zu binden. Aber Venedig ist nicht Sevilla, und mit Rücksicht auf die örtlichen Gepflogenheiten konnten wir die Abende nicht allzu sehr in die Länge ziehen. Auf dem Rückweg dagegen überließen wir uns den Zufällen, den Launen der Nacht, bummelten durch unbekannte Straßen, nahmen ein Schiff aus dem reinen Vergnügen, die beleuchteten Fassaden im Mondschein zu sehen, oder machten einen Umweg über die endlich menschenleere Piazza San Marco. Einmal, bei einem Abstecher über den Campo San Polo, einen der größten Plätze Venedigs, wo die leicht gerundeten Fassaden prachtvoller Paläste an den heute verschwundenen Kanal erinnern, zu dessen Front hin sie errichtet worden waren, und der nachts umso friedlicher erscheint, weil die Kinder ihn nicht mehr in einen Übungsplatz für Fußball und Dreiräder verwandeln, entdeckten wir in einer Gasse eine hübsche, mit einer Blume verzierte Laterne, die sanft schaukelnd über einem Eingang hing. Wie man sich hätte denken können, war der Name des Lokals *Da Fiore*. Es schien sich um einen jener *vini* zu handeln, in denen man zu einem guten Tropfen Rotwein eine Kleinigkeit zu essen bekommt, *ombra e cichetto*. In Wirklichkeit war es ein Restaurant, von außen unmöglich zu erkennen. Wir baten am Empfang unseres Hotels, eine Reservierung für uns vorzunehmen. «Oh», sagte der Angestellte, «ich will's gern versuchen, aber machen Sie sich keine Hoffnungen. Da ist es immer voll.» Wie immer, wenn sich uns ein Hindernis in den Weg stellt, empfanden wir diese Auskunft als besondere Herausforderung. «Lassen Sie nicht locker, und wenn es heute nicht geht, dann morgen oder übermorgen. Egal.» Schließlich bekamen wir, was wir wollten.

Es regnete heftig an diesem Abend, und mein Mann hatte Ischias. Ein anderer hätte alle viere von sich gestreckt, er aber gab dem Schmerz nicht nach und zwang sich, dennoch zu laufen, wenn auch ohne Vergnügen. Ich schlug ihm vor, die heiß ersehnte Reservierung im *Da Fiore* abzusagen. Warum die halbe Stadt durchqueren, wenn man es auch einfacher haben und gleich gegenüber unserer Piazza bei Ernesto essen kann? Aber Louis war ein Mensch mit Prinzipien: Es sei schwierig genug gewesen, diesen Tisch zu bekommen, da könne man nicht im letzten Moment abspringen. Das wäre nicht recht. «Also gehen wir und nehmen das Schiff über den Canal Grande.»

Wir kamen nicht nur zu spät, sondern obendrein triefend nass im *Da Fiore* an. Es ist nicht einfach, in Venedig unter einem Regenschirm zu laufen. Man schafft es kaum, ihn aufzuspannen, so schmal sind die Gassen, in denen man, wie Goethe sagte, an beiden Seiten anstößt, wenn man die Hände in die Hüften stemmt. Wir traten durch die Bar ins *Da Fiore* ein, drückten eine Glastür auf und gelangten in einen Vorraum, der dank einer großen Durchreiche Einblick in die Küche bot, möbliert mit einem Schrank voll schöner Karaffen und einem Tisch, auf dem alles versammelt war, was eine gute Geschäftsführung verlangt: Telefon, Fax und ein dickes Eintragsbuch. Bei unserem Namen schlug der *Padrone* sein Heft auf und erklärte, wir müssten uns geirrt haben, unsere Reservierung sei für den nächsten Tag. Aber angesichts unserer langen Gesichter und meiner nassen Füße erwies er sich als Herzensmensch. Ein Funke war übergesprungen. Die Tische leerten sich, nach einer kurzen Beratschlagung mit der Küche wandte er sich uns zu. «Wir kriegen das schon hin. Kommen Sie herein, setzen Sie sich.» Er führte uns ins Restaurant, einen sehr schönen, lang gestreckten Raum ohne Fenster, aber mit hellen Wänden und Blumensträußen auf allen Tischen. Die Gäste schienen, angenehm gesättigt, vor Befriedigung zu schnurren.

Maurizio, der *Padrone*, war ein gut aussehender Mann mit regelmäßigen Gesichtszügen, nur trug er die Haare ein klein wenig zu lang, um ganz entspannt zu wirken. Seine Augen hatte er überall. Im dunklen Anzug, eine

Krawatte im Stil Ferragamo um den Hals, war er präsent, wo er gebraucht wurde. Schnell und präzise zerlegte er hier einen Fisch, füllte dort die leeren Gläser, während er seinen flinken kleinen Trupp aus drei oder vier schwarz gekleideten Kellnern wie ein Orchesterchef dirigierte. Das Lokal war ausgesprochen elegant. Man hätte sich eher im *Gritti* oder im *Monaco* wähnen können als in einem *vini* von San Polo. Als wir Maurizio kennen lernten, sprach er nur Italienisch, hatte aber eine hübsche junge *Signorina* angestellt, um die Fremden zu empfangen und zu beraten. Dass sie Englisch sprach, war selbstverständlich, aber sie konnte auch Japanisch – ein Beweis dafür, dass man hier auf Welttourismus setzte. Auch sie war elegant, in einem schlichten schwarzen Kleid, höflich wie ihr *Padrone*, ohne unterwürfig zu sein, und von einer schier grenzenlosen Geduld, denn nichts ist schwieriger, als eine Speisekarte zu übersetzen, vor allem, wenn es Fischgerichte sind: Ist ein *branzino* ein Wolfsbarsch oder ein Seewolf? Ist es der *bass* der Amerikaner? Wer weiß?

Maurizio gab meinem Mann die Weinkarte, blieb jedoch auf ein Handzeichen neben ihm stehen. Louis bedauerte oft, dass es unmöglich sei, alle Weinbaugebiete zu probieren. Lange Aufenthalte in Frankreich hatten ihm zwar Gelegenheit gegeben, manche Lücken zu schließen, doch unter den italienischen Weinen kannte er sich nicht so gut aus, weil deren Produktion sich in der letzten Zeit beträchtlich verändert hatte. Wenn man in den sechziger Jahren von italienischen Weinen sprach, meinte man gewöhnlich die dicken, in Stroh gehüllten Chiantiflaschen. Heutzutage haben die technischen Fortschritte der Kelterung die Qualität und Lagerfähigkeit der Weine erheblich verbessert, und angesichts der über vierhundert Rebsorten, der unendlich verschiedenen Böden, mikroklimatischen Bedingungen und Methoden oder Fähigkeiten der Erzeuger hat die Vielfalt der Weine schwindelerregende Dimensionen angenommen. Daher die Qual der Wahl, wenn man die einfachste Lösung ablehnt, sich allein vom Preis leiten zu lassen. Man muss die Etiketten mit Rücksicht auf die Rebsorte, die Gegend, den Ruf des Erzeugers lesen können. Ernesto hatte uns eine Einführung in den Bereich der Rotweine gegeben, ließ uns die besten Tropfen aus dem Friaul, Südtirol oder dem Veneto kosten. Manchmal machte er einen guten Chianti auf, häufiger noch einen Dolcetto, oder er lud uns ein, die verschiedenen Jahrgänge von Vistorta zu vergleichen. Im *Da Fiore* lehrte uns Maurizio, den Charme des Weißweins zu entdecken. Wir begegneten dort aber auch einer außergewöhnlichen Küche von feinster Qualität. Bei Nerone war das Essen vorzüglich, jedoch eher rustikal. Bei Maurizio erreichte die Einfachheit himmlische Höhen. Wir waren bereit, in den Kreis seiner Stammgäste einzutreten, und wurden adoptiert. Bis zum Ende unseres Aufenthalts gab er uns einen Tisch, wann immer wir wollten, vorzugsweise nach neun Uhr.

Die schöne Mara, Maurizios Frau, war die Künstlerin all der köstlichen Kreationen, der raffinierten Frittüren, der schwarzen Pasta mit Tintenfisch und einem Anflug von Zitrone, der Fische, die auf der Zunge zergehen, und der cremigen, leicht bitteren Schokoladensoufflées. Am späten Abend, wenn das Lokal sich leerte, sah man sie an der Bar sitzen, eine etwas mollige, dunkelhaarige, immer lächelnde Person mit lustigen, freundlichen Augen, die mich jedes Mal umarmte, wenn ich ihr zum Abschied sagte, mein *stomacchino* sei *contentissimo*. «Nicht zu müde?», fragte ich, bevor wir gingen. «Nein», erwiderte sie lachend, «Maurizio macht den härteren Job: Er muss mit den Gästen zurechtkommen. In der Küche habe ich kein Problem, da gehorcht mir jeder.» Die beiden arbeiteten schon lange Zeit zusammen. Sie waren damals noch keine zwanzig gewesen – ein junges Paar mit einem kleinen Sohn, Damian –, als sie sich das nötige Geld geliehen hatten, um einen *baccaro* aufzumachen, eine jener typisch venezianischen Bars, in denen man zu einem Glas Wein eine Vielfalt winziger Vorspeisen, Häppchen und untertassengroßer Gerichte bekommt. Zwischen San Polo und San Giacomo dell'Orio in einem Viertel gelegen, das damals eher volkstümlich als touristisch war, erfreute sich das Lokal größter Beliebtheit bei den Handwerkern, den Malern, Schreinern, Rahmenmachern und Vertretern aller kleingewerblichen Berufe von Venedig, die sich bald nicht mehr mit einem kurzen Imbiss begnügten, sondern den ganzen Abend sitzen blieben und schließlich wirklich zum Essen kamen. Mara begann, ein Tagesgericht zu kochen, dem sie erfinderisch immer neue Variationen hinzufügte. Ihr Ruf breitete sich im ganzen Viertel aus. Das Ganze lief so gut, dass Maurizio beschloss, sich zu vergrößern und ein echtes Restaurant zu öffnen.

Er war ein geschäftstüchtiger, weitblickender Mann, der sich nicht auf Venedig beschränkte oder vielmehr begriffen hatte, dass der Erfolg – der große Erfolg, versteht sich – bereits in den achtziger Jahren Risikobereitschaft voraussetzte. Eine Trattoria war gut, ein Gourmetrestaurant war besser. Man musste auf Klasse setzen. Keine Tischdecken aus Papier, ja nicht einmal mit Karos, kein Schürzenwirt, keine hemdsärmeligen Kellner, kein Lokalkolorit. Die Küche dagegen musste typisch bleiben, rein venezianisch. Die Freundschaft zu Marcella Hazan hat dem jungen Paar sehr geholfen. Marcella Hazan gilt in den USA als eine Päpstin der italienischen Küche. Ihre Rezeptbücher erzielen Verkaufszahlen von mehreren Hunderttausend Exemplaren, die Teilnehmer an ihren Kochkursen mussten eine Wartezeit von zwei oder drei Jahren in Kauf nehmen und für acht Tage 3000 Dollar bezahlen. Lange pendelte sie zwischen Venedig, Bologna und Chicago. Heute lebt sie im Ruhestand und hat sich mit ihrem Mann nach Florida zurückgezogen. Marcella hatte Maras Talent sofort erkannt, ihr Zugang zu den Rezeptseiten der Zeitschriften verschafft und ihr die Tore zum amerikanischen *food business* geöffnet. Die Hinweise in Führern mehrten sich, der große Durchbruch aber kam 1994, als Patricia Wells, die gastronomische Berichterstatterin der *Herald Tribune*, das *Da Fiore* in die Liste der zehn besten

Restaurants der Welt einschloss. Wir lasen den Artikel im Flugzeug von Paris nach Venedig, und da wir unseren ersten Abend nach der Ankunft wie immer bei Ernesto verbrachten, diskutierten wir die Neuigkeit mit ihm.

Ernesto fällte über die meisten seiner Kollegen ein sehr hartes Urteil. Entweder fand er ihr Essen rundweg schlecht, was übrigens, wie er hinzufügte, kein Wunder sei: «Mittags haben die Touristen es eilig, und abends sind sie wieder weg. Bei Tage herrscht ein Gedränge, dass man die Brücke der Accademia kaum überqueren kann, und nachts ist Venedig leer, *vuota*. Es sind nicht genügend Leute da, um die Restaurants zu füllen.» Oder – und dann wurde sein Ton noch verächtlicher – sie hatten keine Ahnung von der venezianischen Tradition. Mara gestand er zu, eine ausgezeichnete Köchin zu sein. Aber eine der besten der Welt? So ein Unsinn! Was sollte das denn heißen? Dahinter steckte weder Neid noch Bitterkeit – er mochte einfach keine Übertreibungen. Das erschien ihm lächerlich, wenn nicht gar verachtenswert, und er hatte nicht ganz Unrecht. Für ihn war Kochen ein Spiel, *un gioco*, ein fröhliches Vergnügen, das ihm erlauben sollte, einige Freunde zur geselligen Runde um einen Tisch zu versammeln. Warum so eine komplizierte Sache daraus machen?

Dennoch, wir fanden das *Da Fiore* unverändert, die Begrüßung ebenso herzlich und die Fragen nach unseren Kindern so aufmerksam wie immer. Da ich es nicht anders kannte als mit voll besetzten Tischen, schien mir auch die Atmosphäre die alte zu sein: Viele Fremde, wie üblich, aber die einheimische Stammkundschaft, Garant der rein venezianischen Küche, war geblieben. Maurizio hatte etwas renoviert, die Beleuchtung verändert, versucht, die Akustik zu verbessern – er hasste jeden Lärm –, und er plante einen Durchbruch in der hinteren Wand für ein Fenster mit Blick auf den Kanal. Doch, eine Überraschung: Er sprach uns auf Englisch an. Was war passiert? Berlitz? Nein, er lachte. «Ich habe einen Sechs-Wochen-Crash-Kurs in Irland hinter mir! Ja, ein paar Worte habe ich gelernt, aber um welchen Preis! Was für ein Wetter! Welch scheußliche Ernährung! Das einzig Essbare war Lachs, aber jeden Abend Lachs, ein Albtraum!» Er hatte auch seinen Sohn zu einer Lehrzeit ins Ausland geschickt, nach New York, in ein großes italienisches Restaurant, wo er nicht nur kellnern, sondern auch Englisch lernen sollte.

Bei Maurizio herrschte ein Flair von Grandseigneur. Einmal, als wir am letzten Abend unseres Aufenthalts die Rechnung verlangten, sagte uns der Ober, wir dürften uns als Gäste des Hauses betrachten. Wir hatten schon erlebt, dass uns ein Cognac spendiert wurde oder zur Entschuldigung für ein Versäumnis vielleicht eine Flasche Wein, aber nie ein ganzes Essen – und was für ein Essen! Wir waren verwirrt, gerührt und wussten nicht, wie wir ihm danken sollten, da erzählte er uns von seinen Plänen, den Winter über in New York zu sein. Wir nahmen ihm das Versprechen ab, uns anzurufen. Tatsächlich schickte er ein Fax, dass er angekommen sei, und wir vereinbarten einen Tag, um ihn zum Mittagessen auszuführen. Wir entschieden uns für unser französisches Lieblingsrestaurant, berühmt für seine Küche und für seine Blumen. Maurizio kam pünktlich, auf die Minute genau. Nachdem wir ihn dem Besitzer vorgestellt hatten, ließ er einen professionellen Blick über die Tische gleiten, nickte zufrieden, entschuldigte sich und zog sein Handy aus der Tasche. In Venedig fing gerade der Abend an: Er musste sich vergewissern, dass im *Da Fiore* alles in Ordnung war. Wegen der Küche machte er sich keine Sorgen, aber Damian, der seit seiner Rückkehr aus den USA mit seinen Eltern zusammenarbeitete, war noch recht unerfahren, und wir hörten Maurizio über fünftausend Kilometer Entfernung hinweg die Regie übernehmen: den Wein für einen Tisch empfehlen, an dem soeben acht Kongressteilnehmer, lauter Zahnärzte, Platz genommen hatten, und seinem Sohn raten, ein Paar auf Hochzeitsreise zu bitten, es möge sich bei einem Glas Prosecco einen Moment an der Bar gedulden. Als das Gespräch beendet war, gestand er uns, dass er kaum Hunger habe. «Man isst zu viel in New York», murmelte er. Vielleicht träumte er aber auch nur von seinen *ravioli di pesce*.

Es war nicht unser letztes gemeinsames Essen. Im folgenden Jahr setzte er sich am Tag nach unserer Ankunft zum Kaffee an unseren Tisch. Er ermunterte uns, einen Zigarillo anzuzünden, nahm dafür gern einen Aufruhr unter den amerikanischen Gästen in Kauf und griff schließlich selbst zur Zigarette. Ob wir Lust hätten, nächsten Sonntag zusammen auszugehen, schlug er mit einem breiten Lächeln vor. Entwaffnet von seiner Freundlichkeit und neugierig, wohin er uns führen würde, stimmten wir, die wir doch im Allgemeinen felsenfest gegen jede Verpflichtung dieser Art gewappnet waren, bereitwillig zu. Zwei Tage später fragte er, ob wir etwas dagegen hätten, wenn ein befreundetes Paar mitkäme, Amerikaner italienischen Ursprungs, die er von früher kenne. Natürlich hatten wir nichts dagegen, nicht im Geringsten, wir sahen darin die Gelegenheit, die Unterhaltung aufzulockern. Als Treffpunkt nannte Maurizio uns die Anlegestelle des *Cipriani*-Shuttle vor den Giardinetti. «Pass auf», sagte Louis, «mir schwant etwas. Wir werden keinen verborgenen Schatz entdecken, wir gehen direkt zur Konkurrenz.» Die Konkurrenz war das *Cipriani*, ein Luxushotel auf der Insel Giudecca, in schöner Lage, oft empfohlen und mit Sternen übersät, das wir eigentlich aber für äußerst prätentiös hielten. Doch es war zu spät, es gab kein Zurück mehr.

Mara und Maurizio kamen pünktlich zu unserem Rendezvous, wahnsinnig schick, sie in schwarzweißem Missoni-Kleid, mit einer feschen Handtasche, er in leichter Segeltuchhose und hellem Wildlederblouson, Arm in Arm, fröhlich und unbekümmert wie frisch Verliebte. Dann tauchten die beiden Amerikaner auf. Der Mann, dessen zerknitterter Anzug gerade dem Koffer entnommen schien, war trotz seiner gebeugten Haltung einen Kopf größer als wir alle, die Frau dagegen, die im Trippelschritt neben ihm ging, ein winziges Persönchen, fast zwergenhaft, in einem eng anliegenden, bunt bedruckten Kleid aus schwarzem Stoff. «Signor Ladrone», säuselte Maurizio, «Signor Begley», und alle schüttelten sich die Hand. Ich presste die Lippen zusammen, um mir das Lachen zu verkneifen, und senkte die Augen, um nicht Louis' Blick zu kreuzen. Wir wild entschlossenen Misanthropen waren also im Begriff, mit den Ladrones in ein Boot zu steigen? Den Ladrones aus dieser Kleinstadt in New Jersey? Da war die Mafia sicher nicht mehr weit entfernt.

Wir fuhren mit dem Shuttleboot zur Giudecca, wo das *Cipriani* ein neues Restaurant mit schwimmender Terrasse eröffnet hatte, die sich auf einem Ponton sanft in den Wellen des an dieser Stelle sehr breiten Kanals wiegte. Aber kaum hatten wir unter freiem Himmel Platz genommen, da bedeckte sich der Himmel, wir mussten vor dem Regen fliehen und uns ins Innere zurückziehen. Maurizio übernahm den geschäftlichen Teil und bestellte für alle. Mara erzählte mir von ihren Anfängen, ihrer Lehrzeit unter der Fuchtel ihrer Großmutter, einer wunderbaren Köchin, die aber immer nur für die Familie gekocht hatte – eine große Familie allerdings, wie sie hinzufügte –, erklärte weiter, dass die Arbeit als Chefköchin vor allem Disziplin in jedem Augenblick verlangt, verstieg sich in eine begeisterte Schilderung ihres Hauses auf dem Festland – manchmal schien es mir, dass die Venezianer allesamt nur eins im Kopf hatten: die Brücken und Kanäle hinter sich zu lassen, um endlich auf festen Straßen freie Fahrt zu haben – und fragte mich beim Dessert, ob wir uns nicht duzen sollten. Ich willigte gern ein in diesen freund-schaftlichen Vorschlag, obwohl mein gebrochenes Italie-nisch sehr förmlich war und ich zwar die dritte Person ge-brauchen konnte, das Du mir aber große Schwierigkeiten machte. Die Ladrones enthüllten, dass sie keine Mafiosi waren, sondern beide Ärzte, nicht am Krankenbett, son-dern in der Verwaltung. Sie wussten alles über Versiche-rungsprobleme. Unterdessen hatte Maurizio, immer auf der Lauer, mit scharfem Blick die Ausstattung studiert und den Service beobachtet, nicht ohne seiner Frau hin und wieder schnell gesprochene Bemerkungen in venezi-anischem Dialekt zu stecken. Nach dem Dessert stand er auf und nahm sich diskret der Rechnung an. Es bedurf-te nur noch einer diplomatischen Formulierung, um ihm für die Einladung zu danken. «Was für ein zauberhafter Abend», sagte Louis, «aber ich muss gestehen, die Küche ist mit der von Mara gar nicht zu vergleichen. Es wird uns eine Freude sein, morgen wieder die Gepflogenheiten Ih-res Hauses zu genießen.» Diese Worte erfüllten Maurizio mit Wohlbehagen.

In den USA ist die Krönung aller Küchenkünste erst perfekt, wenn ein Buch erschienen ist. Jedes Jahr kommen dort an die tausend Kochbücher auf den Markt. In New York gibt es eine Buchhandlung, die sich darauf spezia-lisiert hat, und in den großen Kaufhäusern sind ganze Regale dem Geheimnis des Gebratenen und Gekochten gewidmet. Sicher, das *Da Fiore* kam in allen Führern, in allen gastronomischen Artikeln über Venedig vor; die venezianischen Kochkurse von Marcella Hazan wurden mit einem Mittagessen bei Mara und Maurizio beschlossen und Maras Rezepte in mehreren Zeitschriften veröffentlicht. Aber es gab Besseres, und als wir im Frühjahr 2002 in Venedig ankamen, empfing Maurizio uns mit der großen Neuigkeit: «Wir haben es geschafft, Mara hat endlich einen Vertrag mit Random House!» Was für ein Erfolg! Wir bestätigten ihm, dass es sich dabei um einen der besten amerikanischen Verlage handele. Das Buch sollte rasch herauskommen. Da bei uns alles gefeiert werden muss, schlugen wir spontan vor, den Erscheinungstermin mit einem großen Fest bei uns zu Hause in New York zu feiern, dann machten wir uns über unsere *frittura mista* her. Indes, Maurizio hielt noch eine andere Überraschung für uns bereit: Damian hatte sich selbständig gemacht und gleich nebenan, in San Giacomo dell'Orio, eine Pizzeria eröffnet. «Gehen Sie unbedingt hin. Sie werden sehen, wie entzückend es ist.» Unsere Freundschaft zu Maurizio bewegte uns zu den unwahrscheinlichsten Dingen: Mit den Ladrones im *Cipriani* zu dinieren, in Venedig eine Pizza zu essen. Doch wir bereuten unsere Einkehr bei Damian nicht. Er hatte das Lokal übernommen, an dem wir auf dem Weg zu Nerone oft vorbeigekommen waren – aber welch eine Verwandlung: geschmackvolle Stühle statt der weißen Plastiksitze, die alle Gehsteige der Welt zu bedecken scheinen, Poster von Rothko an den Wänden, heitere Bedienungen und eine angenehme Kundschaft. Er, Damian, den ich nur gestriegelt und im dunklen Anzug kannte, gab dem *La Rafale* die Ehre im marineblauen Polohemd, mit Tennisschuhen an den Füßen. Seine Pizza schien vorzüglich, und er empfahl uns eine «bayrische mit Orangen», nach dem Rezept seiner Mutter. Wie hätten wir da widerstehen sollten? Als wir bezahlen wollten, weigerte er sich strikt, uns die Rechnung zu bringen. «Sie sind zum ersten Mal bei mir, Sie sind meine Gäste.»

Es gibt eine geheime venezianische Tradition, die kaum für die Ohren der Fremden bestimmt ist: die Tradition der *voce amica*, der Stimme der Freundschaft, die in einem kleinen Geschenk besteht, einem Rabatt von rund 10 Prozent, den die Wirte den Einwohnern ihrer Stadt gewähren. Wir hatten unsere Einbürgerungsurkunde erworben. Es war nicht nur eine Stimme, sondern ein ganzer Chor der Freundschaft, der uns in unserer Wahlheimat Venedig empfing.

Bei Ernesto, Nerone, Mara und Maurizio aßen wir zu Abend, mittags hingegen saßen wir am liebsten im *Harry's Dolci*, das beim ersten Sonnenstrahl die Tische nach draußen, auf die Kais der Giudecca stellte. Anders, als der Name vermuten lassen könnte, ist die Giudecca nie ein Judenviertel gewesen. Der Name leitet sich vielmehr von *giudicati* her, «die Verurteilten», weil im neunten Jahrhundert Rebellen auf die Insel verbannt worden waren. Ein Gefängnis steht übrigens noch heute dort. Aber für die Menschen, die in Freiheit leben, hat die Giudecca, die sich zugleich innerhalb und außerhalb Venedigs befindet, etwas Magisches. Sie ist einer der wenigen Orte, die einen Blick auf das Panorama der Stadt gewähren, wie auf den Postkarten des Canal Grande, wo der Künstler sich die Mühe macht, alle Fassaden zu zeichnen. Die Breite des Canale della Giudecca erlaubte es, den ganzen südlichen Kai von Venedig zu überblicken, vom Rio di San Sebastiano, in dessen Hintergrund man die parkenden Autos und Lastwagen sah, bis zur Dogana da Mar am Ende der großen Kurve. Hier war man nahe genug, um die Passanten zu unterscheiden, wenn auch nur sehr klein auf die Entfernung, aber lebendig und klar wie Personen auf den Stadtansichten von Guardi. Einmal wurde uns der Venedig-Marathon als Zugabe geboten. Über die Treppen sämtlicher Brücken waren Bretter gelegt, damit die Läufer nicht aus dem Rhythmus kamen. Aus der Ferne spürte man ihre Anstrengung nicht, man sah nur die Vielfalt der Bewegungen, den unterschiedlichen Stil der Konkurrenten. Hinter der ersten Häuserreihe erhoben sich die Glockentürme und Campanile, deren Zuordnung schwierig war. Wie überall in Venedig schien auch hier jede Veränderung des eigenen Standorts alle Entfernungen und Proportionen zu verschieben und in Frage zu stellen. Außerdem nimmt eine Kirche, der man sich gewöhnlich von vorne nähert – wie San Zaccaria beispielsweise –, aus der Ferne überraschende Dimensionen an. Die Gebäude richtig zu benennen gleicht einem Puzzlespiel.

Und es gab noch einiges mehr zu sehen, das uns die Zeit beim Essen vertrieb: große, vor Anker liegende oder von

Schleppern gezogene Kreuzfahrtschiffe; in Richtung Lido vorbeiziehende Fähren, voll geladen mit Autos und Passagieren; das Entladen der Kähne, die Kisten mit Lebensmitteln zu dem neuen Supermarkt gegenüber an den Zattere brachten. Plötzlich versteht man, warum in der Stadt alles so teuer ist. Die kleinste Lieferung kostet unendlich viel Zeit und Mühe. Das ständige Hin und Her von Schiffen aller Art, befrachtet mit Ziegeln, Brettern, Tonnen, einem Berg Melonen, einer Waschmaschine oder einem Küchenherd, bot sich uns als immer neues Schauspiel dar. Auch lag der große Wassersportclub genau am Kai gegenüber, und so entfaltete sich zum Zeitpunkt der *Vogalonga*, einem eigenartigen Rennen, an dem sowohl die schnellsten Achter-Ruderboote als auch die primitivsten Barken teilnehmen, eine hektische Aktivität. Ganz zu schweigen davon, dass *Harry's Dolci* nicht ganz einfach zu erreichen war und uns bereits der Weg dorthin ein buntes Programm bot. Nach meinem Empfinden besteht der Charme Venedigs unter anderem in den Hindernissen, die der Spaziergänger laufend überwinden muss. Es gibt nie nur einen bestimmten Weg, um von einem Punkt zum anderen zu gelangen, sondern stets mindestens zwei oder drei Möglichkeiten. In jeder anderen Stadt gelten klar angezeigte Richtungen: rechts, links oder geradeaus. Auf Venedig trifft dieses einfache Muster nicht zu. Ob man rechts oder links abbiegt, ist völlig egal, man gelangt dennoch ans Ziel. Es geht nur um das Wie, für das man sich entscheiden muss.

Da unser Hotel in der Nähe des Teatro la Fenice lag, waren wir gezwungen, erst den Canal Grande und dann den Canale della Giudecca zu überqueren, um unser Mittagessen zu erreichen. Tausend Möglichkeiten boten sich an! Zu Fuß nach San Marco und von dort mit dem Schiff direkt zur Giudecca, wie unser Portier empfahl, schien uns zu einfach. Wir zogen es vor, über die Brücke der Accademia zu gehen oder den Traghetto zu nehmen, die Gondel, die im Fünf-Minuten-Takt zwischen den beiden Ufern verkehrt und nur dann ruht, wenn die Gondoliere gerade einen trinken gegangen sind, mittagessen oder ihre Siesta halten. Meistens stiegen wir in Santa Maria del Giglio ein, um nach Salute überzusetzen. Manchmal gingen wir aber auch zur Anlegestelle des Palazzo Grassi, landeten bei der Accademia und liefen schnell durch Dorsoduro bis zur Gesuati-Kirche hinunter. Dort stellte sich uns ein weiteres Problem, das sich zudem von Jahr zu Jahr veränderte. Lange Zeit gab es ein Vaporetto, das wie ein Traghetto den Pendelverkehr zum gegenüberliegenden Ufer besorgte, dann wurde diese Linie eingestellt. Ob die anderen Schiffe, die den Canale della Giudecca entlangfuhren, in Santa Eufemia, unserer Station, hielten oder nicht, war unvorhersehbar und in Wirklichkeit wegen der kurzen Entfernungen belanglos. Aber das geheimnisvolle Prinzip verwirrte uns. Als wir das erste Mal zu *Harry's Dolci* fuhren, waren wir sogar naiv genug, zu glauben, es gäbe wie beim *Cipriani* einen hauseigenen Shuttledienst, um die Gäste abzuholen, und warteten geduldig auf das nicht existierende Motorboot, bis ein Passant uns aufklärte. Seit zwei oder drei Jahren hängen genaue Fahrpläne an den Landungsstegen, und erstaunlicherweise sind die venezianischen Vaporettos pünktlich wie die Schweizer Eisenbahn. Doch in weniger organisierten Zeiten lebte man hier in ständiger Unsicherheit. Bei ausgedehnteren Morgenspaziergängen, etwa zur Madonna dell'Orto, zur Gesuiti-Kirche oder der Basilika Santi Giovanni e Paolo, machten wir gelegentlich eine Rundfahrt mit der Giracitta, einem Schiff, das die ganze Stadt umfährt. In westlicher Richtung kommt man erst an Cannaregio und dem Bahnhof vorbei, dann folgt das Industriegebiet. Früher befand sich der Hafen von Venedig unmittelbar vor dem Dogenpalast. Heute hat sich sein Standort entlang dem Canale della Giudecca bis in den äußersten Süden von Dorsoduro verschoben. Dieser geschäftige Umschlagplatz war alles andere als ein Ausflugsziel. Mit Erstaunen entdeckten wir einen modernen Komplex von Molen, Kais und Lagerhallen, der wie ein Fremdkörper an der Stadt klebte, gesäumt von Gleisen mit ausrangierten Eisenbahnwaggons. In der Ferne rauchten die Schornsteine der Chemiefabriken von Marghera – ein ganzes Universum, das mit unserem Venedig nichts zu tun hatte. Welch eine Erleichterung, als wir um das Kap von Santa Marta in den breiten Kanal einbogen und das vertraute Bild der von Sonnenstrahlen gleißenden goldenen Kuppeln aus den Nebelschwaden vor uns aufstieg. Wenn wir die Giracitta in umgekehrter Richtung nahmen, wählten wir die Ehrenrunde über das Arsenal. Aber manchmal war die Durchfahrt wegen Bauarbeiten gesperrt, und das Schiff machte einen großen Bogen zum Lido hin, vorbei an der unbekannten Welt von San Pietro di Castello, dem Stadion und den Gärten, ehe wir ins Becken von San Marco einliefen. Unsere Selbstverpflichtung, jeden Tag gegen zwei Uhr auf der Giudecca zu sein, verschaffte uns so manch unerwartete Erlebnisse.

Harry's Dolci bot seinen Gästen eine gemischte Küche, die sowohl italienisch als auch international war. Man konnte rein venezianisch bleiben und ein schwarzes Tintenfisch-Risotto oder eine *baccalà,* eine Stockfischcreme, bestellen, sich aber auch mit einem Club-Sandwich über das Lokalkolorit hinwegsetzen. Natürlich nur, wenn man nicht von vornherein den köstlichen Verlockungen einer unwiderstehlichen Dessertauswahl erlag: Zitronentarte mit luftigen Baiserhäubchen, mit Schlagsahne gefüllter Zabaglionekuchen, feinste Schokoladenpastete oder Eis und Sorbets in allen erdenklichen Farben. Der Herr über dieses kulinarische Angebot, Signor Bruno, war von ausgesuchter Diskretion, ein welterfahrener Städter, der mit unbeirrbarem Lächeln jeden Geschmack zuließ. Er gehörte nicht zum Stamm der *Padrone,* er war Oberkellner. So extrovertiert und gesellig wir unsere drei anderen Gastgeber erlebten, so sehr kam es Signor Bruno darauf an, eine Fassade professioneller Würde zu wahren, ganz in Einklang mit seinem schwarzen, manchmal durch eine grelle Krawatte belebten, in der Taille kneifenden Anzug, der ihm das Aussehen einer Wespe verlieh. Und wie eine Riesenwespe verscheuchte er die Spatzen, die die Reste aus den Tellern pickten.

Wir konnten also absolut nichts über ihn in Erfahrung bringen: War er verheiratet? Wohnte er in Venedig? Wo hatte er sein perfektes Englisch und sein geschliffenes Französisch gelernt? Solchen Fragen verschloß er sein Ohr. Dagegen erzählte er nicht ohne ein gewisses Vergnügen von den Sternstunden und Errungenschaften der Cipriani-Dynastie. *Harry's Dolci* war ein Ableger der berühmten *Harry's Bar*, die Giuseppe Cipriani 1931 in einer kleinen Straße nahe dem Becken von San Marco gegründet hatte. Eine Bar? Ein Restaurant? Wer wollte diesen Ort definieren, der längst eine venezianische Institution geworden war? Hier wurde nicht nur der Bellini geboren, jener Cocktail aus Prosecco und pürierten weißen Pfirsichen, sondern auch das Carpaccio, ein Gericht, das die westliche Welt im Sturm erobert hat, während der echte Bellini unnnachahmlich geblieben ist. In *Harry's Bar* sind zahlreiche Berühmtheiten ein und aus gegangen: Schriftsteller wie Hemingway, der davon in seinem Roman *Über den Fluß und in die Wälder* erzählt, Schauspieler wie Orson Welles, von dem es heißt, er habe sein Essen immer mit zwei Flaschen Dom Pérignon hinuntergespült, Sängerinnen wie die Callas, die jedes Mal, wenn sie in der Stadt war, mit einer Schar von Bewunderern im Gefolge einkehrte, und natürlich die Stars des Film-Festivals von Venedig. Alle hier sind daran gewöhnt, sodass der Barkeeper und die Oberkellner, obschon etwas blasiert, ihre Stammgäste keineswegs links liegen lassen, um die neue Nummer 1 auf dem internationalen Parkett zu hofieren, was eine angenehm entspannte, fast gemütliche Atmosphäre schafft. Giuseppes Sohn Arrigo weitete das Geschäft aus: Erst mit der Eröffnung von *Harry's Dolci* auf der Giudecca, dann mit der *Locanda Cipriani* auf der Insel Torcello, ein so entzückender und ruhiger Ort, so geeignet für die schriftstellerische Arbeit, dass wir jedes Jahr in Versuchung waren, uns dort niederzulassen. Nur das Hotel *Cipriani* in Venedig gehörte ihm paradoxerweise nicht. Arrigo hatte andere Pläne. Er wandte sich Amerika zu, schuf einen Vorposten in Argentinien und stürzte sich in die Eroberung New Yorks, wo er heute zwei Restaurants, einen Bankettsaal und das Kronjuwel oben auf dem Rockefeller Center, den legendären *Rainbow Room*, besitzt. Um die Qualität des Bellini zu bewahren, lässt er gefrorenes Pfirsichpüree aus Italien kommen, weil die amerikanischen Pfirsiche nicht das gleiche Aroma haben. Bruno hatte insofern teil am internationalen Ruhm seines Herrn, als er den Winter im Rockefeller Center in New York verbrachte, aber er war nicht der Mann, der von sich erzählte. Wir wussten ebenso wenig über sein Leben in New York wie über das, das er in Venedig führte. Wir wussten nicht einmal, ob er New York mochte.

Aus gastronomischen Gründen wurde unsere Beziehung schließlich doch etwas persönlicher. Als Louis eines Tages bedauerte, dass es auf der Speisekarte keinen weißen

Spargel gab, hellte sich Brunos Miene auf: «Morgen haben wir geschlossen, da gehe ich zu meiner Tante, die einen Garten auf dem Festland hat. Sie hat den besten Spargel der Region. Ich bringe Ihnen welchen mit.» Tatsächlich war er vorzüglich, und Bruno brachte ihn uns als tägliche Beilage, bis zum Ende unseres Aufenthalts. Ermutigt, gestanden wir ihm unsere maßlose Lust auf Kutteln. Regionale Kuttelgerichte sind in Italien sehr beliebt, schienen aber nicht zum Stil des Hauses zu gehören, das sich eher auf eine klassisch-elegante Auswahl ohne Risikofaktor beschränkte. Bruno reagierte überraschend begeistert auf unsere schüchterne Anfrage. «Warten Sie, ich bespreche das mit dem *laboratorio*.» Anders gesagt, er wollte sich mit der Küche beraten. Im *Harry's Dolci* grenzte die Küche nicht, wie üblich, an das Restaurant, sondern sie lag außerhalb, zwei Türen weiter, am Kai. Bei Regen sah man die Kellner ihre ganze Fracht mit großen Plastikglocken über den Tellern durchs Freie tragen. Sie selbst wurden nass, aber das Essen war gerettet. Bruno kam strahlend zurück. Dem Chefkoch sei es ein Vergnügen, Kutteln zu bereiten. Aber erst am Wochenende. «*Trippa* kann man nur in großen Mengen machen, und unsere einheimische Klientel kommt meistens samstags oder sonntags. Die Fremden trauen sich nicht, so etwas zu essen.» Es stimmt, dass *Harry's Dolci* unter der Woche vor allem von englischen oder französischen Touristen besucht wurde, die offenbar genau wie wir regelmäßig wiederkamen. Samstags um die Mittagszeit änderte sich die Atmosphäre. Die Tischgesellschaften wurden größer. Oft kamen ältere Leute in Begleitung ihrer ganzen Familie. Manchmal wurde die Terrasse für ein Hochzeitsessen umgeräumt. Aber niemand beklagte sich darüber, weil die Braut traditionsgemäß Kuchenstückchen an alle Gäste verteilte. Man sprach vorherrschend Italienisch. Die Kutteln waren ein Riesenerfolg, köstlich, zart, abgeschmeckt mit einer Prise Parmesan. Bruno beobachtete uns mit einem Lächeln um die Mundwinkel, seiner Sache sicher. «Das sind keine gewöhnlichen *Trippa*, unsere sind vom Kalb, unvergleichlich zart.» Der Koch hatte vorgesorgt: Samstag, Sonntag und Montag aßen wir zu Mittag Kutteln, und nach der dritten Mahlzeit kamen die Kellner, um uns ihre Anerkennung auszusprechen. Es blieb immer noch etwas übrig, aber dienstags war Ruhetag, und schließlich sollte auch das Personal sein Kuttelessen haben. Seither begrüßte uns Bruno jedes Jahr, wenn wir wiederkamen, mit einem *«Buon giorno! Facciamo la trippa per sabato?»* Die Kellner rührten sich und brachten uns eine kleine Karaffe Rotwein, noch ehe wir bestellt hatten. Unser Übergang in eine andere Sphäre von Stammgästen wurde bei der Rechnung mit der *voce amica* besiegelt. Wer hätte gedacht, dass einer der Schlüssel, um uns das Tor zu dieser geheimnisvollen Stadt zu öffnen, in venezianischen Kutteln mit Petersilie bestehen würde?

Aber dann war Bruno plötzlich verschwunden. Ein junger Mann, genauso gekleidet wie er, mit einem schönen Tintoretto-Gesicht, nahm bei unserem Aufenthalt im Jahr

2001 auf einmal seinen Platz ein. Gut instruiert, bot er uns sogleich die gewohnten Kutteln für den nächsten Samstag an. Bruno wolle sich etwas erholen, sagte er uns. Er sei gerade aus New York zurück und noch nicht wieder im Dienst. Aber auch im folgenden Jahr war kein Bruno in Sicht. Diesmal erklärte uns der junge Mann, Cipriani habe ein Café im Grand Central, dem New Yorker Hauptbahnhof, eröffnet, und Bruno arbeite dort. So schön und monumental die renovierte Halle des Grand Central auch sein mag, fand ich es doch allzu traurig, mir Bruno in der Bahnhofshalle vorzustellen, und nahm mir vor, ihn zu besuchen. Aber im Grand Central war von Bruno keine Spur. Niemand wusste, wen ich meinte.

Schließlich kam die große Überraschung: Einer unserer New Yorker Freunde, der wie wir häufig nach Venedig fuhr, hatte Bruno wieder entdeckt, nicht bei Cipriani, sondern bei einer anderen italienischen Dynastie, den Maccioni. Das Restaurant von Maccioni senior, das seit mehr als einem Vierteljahrhundert einen großen Ruf besaß, hieß *Le Cirque*. Der *Padrone* hatte seinen Söhnen die Führung einer lustigeren, moderneren Dependance, der *Osteria del Circo*, übertragen und Bruno, den er lange kannte, für das Restaurant engagiert. Wir gingen noch am selben Abend hin und wurden von unserem lieben Bruno aufs Herzlichste empfangen. Ohne dass wir darum bitten mussten, brachte er uns eine Karaffe Rotwein und eine Flasche Wasser, dann verschwand er einen Augenblick, um sich in der Küche zu vergewissern, ob es noch Kutteln gab. Als er wiederkam, sagten wir ihm, wie sehr er uns gefehlt hatte. Was war geschehen? Diskret wie immer, sparte Bruno die Einzelheiten aus. Ja, er hatte Antonio angelernt, aber für beide war im *Dolci* kein Platz, und seit dem Attentat vom 11. September ging es mit dem *Rainbow Room* bergab. Die Wolkenkratzer hatten ihren Charme verloren. Also war er zu Maccioni zurückgekehrt. Zum ersten Mal erfuhren wir, dass er als ganz junger Venezianer in *Harry's Bar* seine Lehrzeit absolviert hatte und dann nach England gegangen war. Mit Englischkenntnissen gerüstet, hatte er die Überfahrt nach New York gewagt, wo er zwölf Jahre lang im *Cirque* blieb, ehe er zu Cipriani nach Venedig zurückkehrte. Jetzt pendelte er wie früher zwischen New York und Venedig, wo er mit seiner Frau und seiner Tochter lebte.

Der Kreis hatte sich geschlossen, für Bruno natürlich, aber auch für uns. In eines der belebtesten Viertel unserer Stadt versetzt, hatten wir diesen Mann, der für uns einen gewissen Stil, eine so typisch venezianische Art der Lebensfreude personifizierte, unverändert wieder gefunden. Gewiss, unser Venedig mit den uralten, vom graugrünen Wasser der Kanäle umspülten Fassaden, erfüllt von Vogelschreien, Glockengeläut und dem Hall unserer Schritte in menschenleeren Gassen, unser geheimnisvolles, einzigartiges Venedig, von dem wir das ganze Jahr träumen, lässt sich nicht versetzen. Aber wer wollte bestreiten, dass seine Bewohner, zumindest die ehrgeizigsten, ihrerseits von Amerika träumen? Alle unsere einheimischen Freunde hatten direkt oder mittels ihrer Kinder ihre Fühler über den Atlantik ausgestreckt. Ernestos Tochter machte ihr Glück in Kalifornien, der Sohn von Nerone hatte in den USA studiert, Mara, Maurizio und Damian knüpften Verbindungen nach Florida und New York, um ihren Erfolg zu untermauern, und Bruno, der in Italien bald gezwungen wäre, in den Ruhestand zu gehen, schien entschlossen, seine Karriere in Manhattan fortzusetzen. Dass uns der Charme von Venedig so viele Jahre in seinen Bann gezogen hat, wäre unvorstellbar, wenn nicht über seine alten Schönheiten hinaus die Lebensart, die Ausstrahlung, der Unternehmungsgeist unserer venezianischen Freunde unsere Neugier wach gehalten hätten.

Louis Begley · Anka Muhlstein
Begleys in Venedig

Peter Begley, Louis Begley und Anka Muhlstein in
einem Wassertaxi auf dem Weg nach Torcello.

Für manche unserer Kinder ist es schon Tradition,
uns zu besuchen, wenn wir in Venedig sind. Peter,
der Älteste, der uns geholfen hat, Venedig wiederzu-
entdecken, kommt jedes Mal. Seine Treue hat einen
praktischen Grund: Er lebt seit Mitte der achtziger
Jahre als Maler und Bildhauer in Rom.

Peter hat auch in Venedig gewohnt und kennt in
allen Kirchen und Museen jedes Gemälde. Er und
Anka bemühen sich um die Wette, den kürzesten
Landweg zu abgelegenen *rive* und *campi* zu finden.

Peter Begley mit seiner Frau Anne Bazin vor der Kirche
S. Michele auf der gleichnamigen Friedhofsinsel. Anne
hat an der École des Sciences Politiques eine Dissertation über die tschechisch-deutschen Beziehungen seit
dem Zweiten Weltkrieg geschrieben.

Louis, der unsere Familienfotos macht, sich selbst aber nicht gern ablichten lässt, beim Lunch in *Harry's Dolci* auf der Giudecca.

Anka, auch nicht gerade ein Muster an Geduld, wenn sie fotografiert wird, beim Lunch in der *Osteria al Ponte del Diavolo* in Torcello, einem Restaurant, wo wir manchmal essen, bevor wir die Basilika Santa Maria dell'Assunta und das herrliche Mosaik vom Weltgericht ansehen.

Louis' Schreibtisch im *Albergo Fenice et des Artistes*,
wohin wir Jahr für Jahr zurückkehren, aufgenommen
vom Balkon des Apartments aus. Mitten auf dem
Schreibtisch ein offener Laptop. Ringsum in der
üblichen Unordnung Papiere, um die sich Louis früher
oder später kümmern will.

Der Balkon unseres Apartments im *Albergo Fenice* und der sehr venezianische Blick auf den trägen Seitenkanal, den Rio della Verona, und Dächer. Anka liest gern in der Nachmittagssonne auf dem Balkon.

Unsere Enkeltochter Julia Larmore auf der Piazza
San Marco. Dieses Foto entstand 1997 während des
Carnevale, damals war Julia acht. Sie liebte die Piazza,
die tagsüber von übertrieben zutraulichen Tauben
wimmelte, die maskierten Feiernden und die Musiker,
die am Abend die Piazza bevölkerten. Im Gegensatz
zu Proust halten wir die Tauben allerdings nicht für
den Flieder, sondern für die Ratten von Venedig.

Unser Enkelsohn Nicholas Larmore, zehn Jahre alt,
während desselben Carnevale auf der Piazza San Marco,
mit einer Taube auf der behandschuhten Hand. Nick
verlief sich in Venedig nie, weil er einen imaginären
Stadtplan mit seinen ganz persönlichen Sehenswürdigkeiten, den Schaufenstern von Kaufhäusern, im Kopf
hatte. Nick kauft mit Begeisterung ein.

Peter, Louis und Adam Begley, zweitältestes unserer
Kinder, in einem Wassertaxi auf dem Weg nach Torcello.
Adam ist Literaturkritiker und Kulturjournalist. Er lebt
in Northamptonshire, England.

Nick und Julia wieder mit Tauben, während desselben
Venedigaufenthaltes. Unsere Enkelkinder brachen alle
unsere Regeln: Sie mischten sich unter die Menge auf der
Piazza, sie aßen Pizza statt *seppie*, den venezianischen
Tintenfisch, und sie starrten lieber Jongleure als Tizian-
gemälde an. Hauptsache, sie liebten Venedig.

Louis Begley

Romane und Venedig

«Venedig: es ist eine Freude, das Wort zu schreiben, aber ich weiß nicht, ob es nicht eine gewisse Anmaßung wäre, wollte man so tun, als sei dem noch etwas hinzuzufügen. Venedig ist tausendfach gemalt und beschrieben worden und von allen Städten der Welt am leichtesten zu besichtigen, ohne dass man eigens dorthin reist. Schlagen Sie das erstbeste Buch auf, und Sie werden eine Rhapsodie über Venedig finden; gehen Sie in die erstbeste Kunsthandlung, und Sie werden drei oder vier «Stadtansichten» in leuchtenden Farben finden. Jeder weiß, dass es zu diesem Thema nichts mehr zu sagen gibt.»

Das sind nicht meine Worte, sondern die von Henry James, der – zu seinem Ruhm und unserem Glück – gegen den eigenen Rat wieder und wieder über *La Serenissima* schrieb. Ich habe beim Romanschreiben seine Empfehlung offenkundig auch missachtet und werde sie jetzt erneut außer Acht lassen. Der zauberhafte Essay, aus dem ich gerade zitiert habe, findet sich in einer Sammlung von

James' Reiseberichten, die unter dem Titel *Italian Hours* erschien. Als Romanautor verstieß James in zwei Fällen gegen seine eigene Anweisung und machte Venedig zum ausschließlichen Schauplatz einer Erzählung oder verlegte Teile der Geschichte in die Stadt, erst mit *Asperns Nachlaß*, in drei Teilen in *Atlantic* von März bis Mai 1888 veröffentlicht, und dann mit *Die Flügel der Taube*, dem Roman, der 1902, vor rund hundert Jahren, erschien, als James gerade 59 Jahre alt war. Besonders bewegend finde ich, dass er innerhalb der beiden folgenden Jahre zwei weitere Meisterwerke veröffentlichte, die sich mit *Die Flügel der Taube* messen können und genauso genial sind wie dieser Roman, 1903 *Die Gesandten* und 1904 *Die goldene Schale*; ich erwähne es aus Verehrung und zunehmend staunender Bewunderung für James. Mit der Vollendung dieser drei Romane schloss er sein Lebenswerk als Romanautor ab, blieb jedoch noch als homme de lettres tätig. Zwölf Jahre später starb James, am 28. Februar 1916.

Ich bin seit 1954 immer wieder in Venedig gewesen. In den achtziger Jahren wurden Reisen nach Venedig zu einer selbstverständlichen, alljährlich wiederholten Unternehmung, die für meine Frau und mich inzwischen zum festen Bestandteil unseres Lebens geworden ist. Immer noch überfällt uns dasselbe Glücksgefühl, wenn wir im Wassertaxi auf dem Weg vom Flughafen zum ersten Mal die Silhouette der Stadt im Morgendunst schimmern sehen, wenn wir wieder feststellen, dass unsere Lebensweise in Venedig unserer Arbeit gut bekommt und dass unser

Sohn, ein Maler, der nun schon seit vielen Jahren in Rom lebt und sich mit den venezianischen *calli* und *rii* und *sottoporteghi* und den Schätzen in den Sakristeien abgelegener Kirchen fast genauso erstaunlich gut auskennt wie meine Frau, auch heute noch harmonische Tage mit uns verbringt – wir treffen uns mittags und zu sehr späten Abendessen, um uns in der Zeit dazwischen ungestörte Arbeitsstunden zu sichern. Es hat sich so ergeben, dass ich die Romane Prousts und Thomas Manns schon Jahre vor meiner ersten Reise nach Venedig kennen lernte: Thomas Mann von 1949 an, als ich *Tod in Venedig, Mario und der Zauberer* und *Unordnung und frühes Leid* las, und Proust 1950/51, als ich mich in neun Monaten durch alle Bände von *Auf der Suche nach der verlorenen Zeit* arbeitete. 1950/51 las ich auch die *Buddenbrooks* und den *Zauberberg* und in den Jahren danach alle oder fast alle anderen Romane und Novellen von Thomas Mann. Anfang der fünfziger Jahre, wann genau, kann ich nicht sagen, fing ich zudem an, Henry James zu lesen, wahrscheinlich zuerst die Erzählungen und dann vielleicht *Die Drehung der Schraube* und *Washington Square*, im Anschluss daran, noch während meiner Collegezeit, die umfangreicheren Werke. Auf jeden Fall kannte ich *Die Flügel der Taube* 1954, im unglaublichen Sommer meiner ersten Erfahrung mit Venedig. Meine lebenslange unablässige Gewohnheit, Menschen, Ereignisse und Schauplätze durch die Brille von Romanen zu betrachten, die ich bewundere – jeder Roman ist wie ein besonderer Filter, der eine eigene, von anderen verschiedene, aber annehmbare und interessante Version des betrachteten Gegenstandes zu erkennen gibt, sodass ich zum Beispiel das Forum Romanum genauso gut durch den Filter von Sienkiewicz' *Quo vadis?* wie aus der Perspektive von Henry James' *Daisy Miller* sehen kann – , diese Gewohnheit gibt mir guten Grund zu glauben, dass mich meine Erinnerung nicht trügt, wenn sie mir sagt, ich hätte Venedig schon auf den ersten Blick in Parallele zum Venedig von James, Proust und Mann angeschaut.

Unsere Beziehung zu Romanen, die wir über lange Zeit bewundern, ändert sich mit den Jahren, da wir im Lauf der Zeit mehr Erfahrung mit dem Leben und auch mit der Dichtung sammeln. Die größte Veränderung tritt bei den Romanen ein, die wir am meisten bewundern, da wir sie am besten kennen. In meinem Fall kam noch eine spezifische Veränderung dazu, seit ich 1989 anfing, selbst Romane zu schreiben. Ich verstand zunehmend besser – oder meine wenigstens, besser zu verstehen –, wie das Werk eines anderen Autors wirklich geschrieben ist, welche unmittelbaren praktischen Probleme sich dem Autor in den Weg stellten und Seite für Seite, Beschreibung für Beschreibung, Charakterentwicklung für Charakterentwicklung mehr oder weniger gut beseitigt werden mussten. Dieses Verständnis ist sehr verschieden von der literarischen Bildung, die ich zuvor besaß: Übung in genauer Wahrnehmung stilistischer Besonderheiten, der Fähigkeit, die Wiederkehr bestimmter Themen im Text zu verfolgen sowie Symbole und ihre Verwendung zu erkennen, einen geschärften Sinn für das Aufspüren verborgener Bedeutungen und andere ähnliche Fertigkeiten, die für eine gute Textinterpretation unentbehrlich sind. Folglich ergab es sich wie von selbst, dass ich mir nun im Zusammenhang mit Romanen über Venedig, die Stadt, die ich allmählich auch sehr gut kennen gelernt hatte, bestimmte eher praktische Fragen stellte. Ich wollte wissen, wie diese drei großen Autoren – James, Proust und Thomas Mann – «es bewerkstelligt» hatten. Ich benutze bewusst eine Wendung von James, denn nach meiner Ansicht trifft sie den Kern der Frage, was eigentlich vorgeht, wenn man einen Roman schreibt. Alle drei hatten Venedig als einen wichtigen Schauplatz verwendet. Gab es einen besonderen Grund für diese Wahl? Wird Venedig nur als grandioses Bühnenbild benutzt, oder gibt es einen notwendigeren, eher organischen Zusammenhang? Hat die Entscheidung und das, was James, Proust oder Mann in den fraglichen Werken aus Venedig gemacht haben, zu diesen Romanen etwas beigetragen, das über seitenlange glänzende Beschreibungen hinausginge? Im Hintergrund der Überlegung stand mein mit der Erfahrung wachsendes Bewusstsein davon, welche unbarmherzige Aufgabe auf einen Romanschriftsteller wartet, nachdem er die Charaktere seiner Geschichte und das Dilemma, in dem sie stecken, einmal gefunden und den Ton getroffen hat, in dem ihre Geschichte erzählt werden will: Er muss dann die Geschichte von Ereignis zu Ereignis vorantreiben. Im Verlauf dieser Entwicklung hat er die Handlung irgendwo anzusiedeln. Manchmal verlangt die Eigenart der Erzählung mehr als einen Schauplatz. Ich wusste auch, dass als Schauplatz nicht immer zwangsläufig nur der eine oder der andere Ort in Frage kommt; es kann durchaus so sein, dass ein oder zwei Schauplätze nicht austauschbar sind, weil die Geschichte sie unbedingt erfordert. Andere sind ersetzbar, je abhängig von den Ressourcen an Wissen, Phantasie und Urteilskraft, über die der Autor verfügt. Woran sollte gemessen werden, ob Entscheidungen, die nicht zwangsläufig gefallen sind, glücklich waren – prinzipiell an der Qualität und Überzeugungskraft des Geschriebenen, oder sollte man zusätzlich noch nach etwas anderem Ausschau halten? Ich glaubte, wenigstens die Antwort auf die letzte Frage zu wissen: Wenn der Schauplatz des Werks zur Geschichte beitragen und ihre Dramatik steigern konnte, dann ist dies ein beabsichtigtes Ergebnis.

Auslöser für *Asperns Nachlaß* war eine Anekdote, die James 1887 in Florenz hörte. Sie handelt von einem amerikanischen Literaturkritiker und «Shelley-Verehrer», einem gewissen Captain Silsbee, der erfährt, dass Miss Claremont, eine hochbetagte frühere Geliebte Lord Byrons, Mutter seiner Tochter Allegra und Halbschwester von Shelleys zweiter Ehefrau, mit einer Nichte mittleren Alters in Florenz wohnt und im Besitz eines Briefwechsels zwischen Shelley und Byron ist, der vollkommen geheim gehalten wurde. Silsbee ist entschlossen, die Briefe um jeden – oder, wie sich herausstellt, fast jeden – Preis an sich zu bringen, und erschleicht sich das Vertrauen der beiden Frauen, die ihn als Untermieter aufnehmen. Er hofft für den Fall, dass die ältere Dame während seines Aufenthalts sterben sollte, der Nichte den Briefwechsel abkaufen zu können, da die Damen Claremont sehr arm sind. Fast geht sein Plan auf, nur dass die Nichte kein Geld haben will. Vielmehr erklärt sie Silsbee: «Ich gebe Ihnen alle Briefe, wenn Sie mich heiraten!», worauf dieser die Flucht ergreift und, wie James in seinen Notizbüchern anmerkt, *«court encore»*. «Nach meiner Empfindung verlangte das Taktgefühl», schrieb James im Vorwort zur New Yorker Ausgabe von *Asperns Nachlaß* (1910),

«dass ich die Florentiner Anekdote in einer entschlackten, von allen zu offensichtlichen Anspielungen geläuterten Version wiedergeben müsse; also verlegte ich als Erstes den Schauplatz des Abenteuers. Juliana [die ältere Miss Bordereau, die in *Asperns Nachlaß* an die Stelle der älteren Miss Claremont trat] war nur im Italien Byrons und mehr oder weniger unmittelbar nach Byron denkbar; aber zufällig fanden sich Verhältnisse, in die sie ganz ideal einzupassen war, besonders da es um die spätere Zeit und ihr langes, unentdecktes Überleben ging; es gab absolut keine vornehme Form von moderigem Rokoko in menschlicher oder beliebiger anderer Gestalt, die man nicht mit vielversprechenden Aussichten auf Erfolg beim Anlanden an den abgesunkenen Außentreppen fast jedes verfallenen Baudenkmals venezianischer Größe anzutreffen hoffen konnte. Kurz: Es ging darum, die eigenen Spuren zu verdecken;

und ich hatte das Gefühl, ich könne meine nicht besser verdecken als dadurch, dass ich einen vergleichsweise amerikanischen Byron postulierte, der zu einer amerikanischen – und zwar möglichst absolut amerikanischen – Miss Claremont passte. Ich weiß gar nicht, ob ich heute am besten sage, dass mich dieser Kunstgriff wenig oder dass er mich viel kostete; er war ‹billig› oder aufwendig nach Maßgabe des Wahrscheinlichkeitsgrades, der mit den Mitteln der Kunst erreicht wird.»

Der von James postulierte und erfundene amerikanische Byron, der gefeierte Dichter, der Miss Juliana Bordereau liebte, ist Jeffrey Aspern; an die Stelle der englischen Misses Claremont ließ James die betagte Miss Juliana Bordereau und ihre Großnichte Tina «von weniger vorgerücktem Alter» treten, Amerikanerinnen eines Typs, der im Europa des neunzehnten Jahrhunderts nicht unbekannt war, «scheu, geheimnisvoll und, wie man vage annahm, kaum achtbar … vermutlich hatten sie in der langen Zeit des Exils jeden Nationalcharakter verloren». James ließ sie in einem Palazzo wohnen, der

«nur zwei oder drei Jahrhunderte, also nicht besonders alt war; und er hatte eine Aura weniger des Verfalls denn einer stillen Mutlosigkeit, als habe er seine Karriere verfehlt».

Natürlich leben Juliana und Tina «von nichts, denn sie haben nichts zum Leben». Aus Silsbee machte James den namenlosen Erzähler, einen amerikanischen Historiker und Verleger, der in England lebt, einen Mann, derartig fixiert auf den literarischen Nachlass des Dichters, dass er «um Jeffrey Asperns willen jede Schandtat begehen würde», wie er Mrs. Prest, seine Freundin und Protektorin in Venedig, wissen lässt. Nach der Erfahrung seines englischen Partners, der von Miss Juliana abschlägig beschieden wurde, weiß der Erzähler, dass die alte Dame den Besitz des Briefwechsels nicht zugeben und sich erst recht nicht davon trennen wird. Mrs. Prest regt ihn zu einer Silsbee-gleichen List an: «Bringen Sie die beiden dazu, Sie als Mieter aufzunehmen.» Genau das tut er und belagert Miss Tina, in der Hoffnung, sich durch ihre Vermittlung irgendwie Gewissheit verschaffen zu können, dass die Manuskripte am Ort sind und in Sicherheit bleiben werden und dass er in den Verhandlungen mit den Nachlassverwaltern oder mit Miss Tina selbst einen Platzvorteil haben wird, falls es ihm gelingt, beim Tod der alten Dame zur Stelle zu sein. Das Schicksal behandelt ihn, wie es Silsbee behandelt hat: zu gütig. Juliana stirbt, während er noch im Palazzo zur Miete wohnt, aber genau wie die jüngere Miss Claremont macht auch Miss Tina klar, dass er die Manuskripte zwar haben kann, jedoch nur als ihr Ehegatte. Wie Silsbee ergreift auch der Erzähler die Flucht. Anders als jener kehrt er zurück – und muss erfahren, dass Miss Tina mit ihrem feinen Taktgefühl seine unausgesprochene Weigerung verstanden und die einzige mit ihrer Ehre verträgliche Handlung vollzogen hat, die ihre und des Erzählers Versuchungen beenden musste. Sie hat den Nachlass Asperns verbrannt, Blatt für Blatt.

Vielleicht weil er die Handlung des Romans aus Takt von Florenz nach Venedig verlegte, meine ich, dass James die Stadt der «öffentlichen Ausstellung», wie er sie nannte, hauptsächlich als Bühnenbild verwendete und Personen und Aktivitäten, die man «typisch venezianisch» nennen könnte, nur einführte, um die Bühne mit Personal zu bevölkern, die Handlung zu beleben und die nötige Atmosphäre zu schaffen. Deshalb führt er uns Mrs. Prest vor, geschaffen nach dem Modell jener reichen, dominanten, kompetenten und penetranten in Europa lebenden Amerikanerinnen, die in James' Werk regelmäßig auftreten. Er verwendet die Gondel als Symbol venezianischen Lebens, weil es von den Lesern leichter erkannt wird und eine größere Vielfalt unmittelbarer Konnotationen erlaubt als der Löwe von St. Markus. Deshalb hat der Erzähler einen Gondoliere zum Begleiter, Pasquale, der alles in die Hand nehmen und organisieren kann, was ihm angetragen wird, und die prompte Verfügbarkeit einer Gondel macht größten Eindruck auf Miss Tina, die seit vielen Jahren nicht mehr in einer gesessen hat. (Es ist amüsant, dass ein Gondoliere namens Pasquale in den *Flügeln der Taube* ebenfalls einen kurzen Auftritt hat.) James zeichnet auch eine knappe Skizze vom Leben und der Gesellschaft der beiden altjüngferlichen Damen:

«Sie hatten alle Sehenswürdigkeiten besichtigt; sie waren sogar im Boot zum Lido gefahren … dort hatten sie einen in drei Körben mitgebrachten und im Gras aufgebauten Imbiss eingenommen. Ich [der Erzähler] fragte sie, wer zu ihrem Bekanntenkreis gehört habe, und sie sagte, Oh, ganz reizende Menschen – der Cavaliere Bombicci und die Contessa Altemura, mit der sie eng befreundet gewesen seien! Auch Engländer – die Churtons und die Goldies und Mrs. Stock-Stock, die sie sehr liebten; sie sei nun tot und begraben, die Gute. Das sei der Fall mit den meisten aus ihrem liebenswürdigen Kreis – so drückte sich Miss Tina aus –; aber ein paar seien noch übrig, wirklich ein Wunder, wenn man bedenke, wie sehr sie beide die Bekannten vernachlässigt hätten. Sie nannte die Namen von zwei oder drei alten Venezianerinnen; eines Arztes, sehr klug sei er und so aufmerksam – er komme als Freund, seine Praxis habe er ganz aufgegeben; des *avvocato* Pochintesta, der wunderschöne Gedichte schreibe und ihrer Tante eines gewidmet habe. Diese Leute stellten sich zuverlässig jedes Jahr bei ihnen ein, gewöhnlich zum *capo d'anno* … wen die guten Venezianer einmal ins Herz geschlossen hätten, den behielten sie immer lieb.»

Allzu viel Mühe machte sich James hier ganz offenkundig nicht; die Namen, die er diesen Statisten seiner Bühnenausstattung gibt, sind sicherheitshalber komisch, falls der Leser nicht gemerkt haben sollte, dass der Meister sich amüsieren will. Wären Miss Juliana und Miss Tina mit einer Kutsche zum Prato gefahren, statt sich im Boot zum Lido rudern zu lassen, und würde man statt venezianisch das Wort ‹florentinisch› einsetzen, wären wir in Florenz.

Anders steht es, wenn Aussehen und Atmosphäre

Venedigs heraufbeschworen werden. Das geschieht mit außerordentlich ökonomischem Einsatz der Mittel, mehr durch Suggestion als durch Beschreibung spezifischer Einzelheiten, und die Stadt wird lebendig. (James' minimalistische Technik erreicht vielleicht in *Die Gesandten* ihren Höhepunkt, wo es ihm gelingt, Paris entstehen zu lassen, indem er nur hier und da einen Satz einstreut, der vor den Augen des Lesers ganze Stadtviertel auftauchen lässt.) Zu dem Palazzo, in dem Miss Juliana und Miss Tina wohnen, gehört ein großer Garten. Sehr viele solcher Paläste an abgelegenen Kanälen haben sich nicht verändert. Trotzdem gibt es einen bestimmten Palazzo, drei Brücken weit von der Scuola di San Giorgio degli Schiavoni, der in meinen Augen so sehr dem Domizil von Miss Juliana gleicht, dass ich immer noch überzeugt bin, den Palast identifiziert zu haben, den James beschrieb. Der Grund dafür ist, dass ich eher die Stimmung in Erinnerung habe, die James schuf, und nicht so sehr das Bild einer spezifischen Fassade, Brücke oder eines Kanals. Ein Beispiel ist der Garten des Palazzo; James' Erzähler sagt:

«Ich ließ eine Laube bauen und einen niedrigen Tisch und einen Sessel hineinstellen; und ich trug Bücher und Mappen dorthin – Schreibarbeiten hatte ich immer zu erledigen –, und so arbeitete und wartete und sann und hoffte ich, während die goldenen Stunden vergingen und die Pflanzen das Licht tranken und der undurchdringliche alte Palazzo farblos wurde und, sobald der Tag sich neigte, wieder auflebte und zu erglühen begann und mein Papier in der unsteten Brise von der Adria raschelte.»

Und hier eine Beschreibung der Piazza San Marco:

«Ich saß vor dem Café Florian, aß Eis, lauschte der Musik, unterhielt mich mit Bekannten: Venedigreisende werden vor Augen haben, wie sich das übermäßige Gemenge von Tischen und Stühlen einer Landzunge gleich in den glatten See der Piazza schiebt. Der ganze Platz ist an einem Sommerabend, unter den Sternen, mit all den Lampen, den Stimmen und den leichten Schritten auf dem Marmor – den einzigen Lauten aus den weiten Arkaden, die ihn umschließen – ein Freiluftsalon, Ort für kühlende Getränke und für einen noch delikateren Genuss: den der im Lauf des Tages gesammelten glanzvollen Eindrücke … Die herrliche Basilika mit ihren niedrigen Kuppeln und spitzen Verzierungen, mit dem Mysterium ihrer Mosaiken und Skulpturen, wirkte im gedämpften Dunkel schemenhaft, und die Meeresbrise glitt zwischen den Zwillingssäulen der Piazzetta, den Stützen einer nicht mehr bewachten Tür hindurch, sanft wehend wie ein leise bewegter schwerer Vorhang.»

Es ist aufschlussreich, diese Schilderung vom Eisessen vor dem Café Florian und vom Anblick der sommerlichen Piazza in weicher melancholischer Abendstimmung zu vergleichen mit dem ganz anderen Aspekt des Platzes, der in *Die Flügel der Taube* beschrieben wird. Ich werde ihn weiter unten zitieren.

Venedig, in *Asperns Nachlaß* bloße Kulisse, gehört in *Die Flügel der Taube* auf eindringliche Weise zu den *dramatis personae*. Um zu verstehen, wie James in den beiden Werken über Venedig schreibt, sollte man wissen, dass er die Stadt als Tourist, Reiseschriftsteller und Kunstkritiker gründlich kannte. Mehr als einmal wohnte er längere Zeit bei Mrs. Arthur Bronson in ihrer Casa Alvisi, die am Canal Grande fast genau gegenüber von Santa Maria della Salute liegt. Unmittelbarer wichtig für den späteren Roman waren seine ausgedehnten Aufenthalte bei Daniel und Ariana Curtis, den Besitzern des Palazzo Barbaro, auf derselben Seite des Kanals wie die Casa Alvisi, aber näher an der Accademia-Brücke. Der Palazzo Barbaro gilt allgemein als Modell für den Palazzo Leporelli, den Milly Theale, die «Taube» des Romans, mietet. Mrs. Bronson und Mrs. Curtis waren zu ihrer Zeit berühmte internationale Gastgeberinnen und sahen sich auch gern als Musen der Künstler. Für James barg das Milieu der Auslandsamerikaner, die gelegentlich Station in Venedig machten, keine Geheimnisse; sie waren eine buntscheckige Mischung, Leute vornehmer und weniger vornehmer Abstammung, Zugvögel durch Europa auf der Suche nach Kultur und so niedrigen Lebenshaltungskosten, dass man sich mit Überweisungen aus dem Mutterland fürstliche (oder zumindest großbürgerliche) Domizile und ungezählte Dienstboten leisten konnte. Es war das Milieu, in dem er sich bewegte. Und schließlich war James zu der Zeit, als er *Die Flügel der Taube* schrieb, durch eine persönliche Tragödie besonders mit Venedig verknüpft. Seine nahe Freundin, Constance Fenimore Woolson, in deren Villa in Florenz er *Asperns Nachlaß* schrieb, war – oder, wahrscheinlicher, hatte sich – im Januar 1894 aus einem oberen Stockwerk ihres venezianischen Palazzos zu Tode gestürzt.

Grob vereinfacht, steht im Zentrum der Handlung der *Flügel* ein ungleicher Kampf zwischen zwei der eindrucksvollsten Frauengestalten, die James geschaffen hat, der Kampf um einen Mann, Merton Densher, eine von James' faderen Romanfiguren; im England des neunzehnten Jahrhunderts verzieh man ihm seine geistlose Fadheit, weil er allgemein als Gentleman galt. Heute würden wir sagen, er war ein Weichling. Kate Croy, sieghaft schön, entschlusskräftig und ohne einen Pfennig Geld, erinnert mich an die «Nike von Samothrake», die den Besucher vom obersten Absatz der großen Treppe im Louvre grüßt. Ihr Opfer, ihre Freundin Milly Theale, «die letzte feine Blüte – sie blüht allein, zum vollständigen Beweis ihrer Freiheit – eines ‹alten› New Yorker Stammes», ist eine jener jungen Amerikanerinnen, in denen James die Erben aller Zeiten sah. Millys wahre Erbschaft besteht darin, ihr Leben in seiner ganzen Fülle zu leben. Milly ist physisch und psychisch sublim. Sie ist zudem verwaist, hat «fast allen Anhang» verloren, sie ist immens reich, und sie ist «leidend». Woran leidet sie? Die Art ihres Leidens wird niemals erwähnt und schon gar nicht erklärt, aber es ist eine schwere Krankheit, und alle sind der Meinung, dass sie jederzeit daran sterben kann. Allmählich lernen wir jedoch Milly besser kennen, wir sind an ihrer Seite, wenn sie in London Sir Luke Strett, eine medizinische Koryphäe, konsultiert, und dürfen deshalb annehmen, dass ihre Krankheit womöglich ebenso moralischer wie physischer Art ist. Sie kann in Schach gehalten werden, vorausgesetzt, Millys Lebenswille hält stand. Der Arzt sagt ihr:

«Sie haben das Recht, glücklich zu sein. Sie müssen Glück in jeder Form annehmen, in der es kommen mag.»

«Ja, ich werde es nehmen, wie es kommt, in jeder Form!», antwortet Milly «fast fröhlich». Und am Ende des Arztbesuchs, als sie den großen Mann fragt, ob sie leben werde, gibt er zur Antwort: «Meine liebe junge Dame, versuche ich denn nicht, Sie zu überreden, dass Sie sich endlich die Mühe machen zu leben?» Er ist einverstanden mit ihrem Plan, ein paar Monate in Venedig zuzubringen, und wird hellhörig, als er erfährt, dass sie und ihre Gesellschafterin Mrs. Stringham sowie Kate Croy und Kates Tante Mrs. Lowder keine reine Damengruppe bilden werden. Auch Merton Densher wird mit von der Partie sein.

Sir Luke und Milly sind sich darin einig, dass Milly lieben muss, um zu leben. Sie liebt tatsächlich, und zwar Merton Densher, dessen Attraktivität für Frauen mir ein Rätsel ist. Leider ist es nicht genug für Milly, dass sie liebt: Sie muss auch geliebt werden, und das kann in diesem Fall nicht sein. Densher hat kein Geld, aber er liebt Kate Croy, und sie liebt ihn. Ihre Zuneigung ist heimlich und muss geheim gehalten werden, weil Mrs. Lowder, Kates unentbehrliche reiche Tante, andere Pläne mit Kate hat: Sie möchte, dass ihre Nichte Lord Mark heiratet. Kate hat ein teuflisches Komplott geschmiedet: Sie hat Milly weisgemacht, ihr, Kate, bedeute Densher nichts. Das erlaubt Milly, Densher mit reinem Gewissen zu lieben; Densher wiederum wurde von Kate beauftragt, Milly in dem Glauben zu lassen, er liebe sie – sie ist so souverän, dass sie ihm womöglich von sich aus die Ehe anträgt und ihn dadurch der Notwendigkeit enthebt, einen ersten Schritt tun zu müssen, der mit Sicherheit über seine Kräfte ginge; Densher und Milly sollen heiraten; und nicht lange danach wird Milly sterben und Densher zum reichen Mann machen. So reich, dass er und Kate heiraten können, wenn die Zeit reif ist, und bis ans Ende glücklich in dem anspruchsvollen Stil leben können, der Kates Natur entspricht. Dieses Komplott durchkreuzt Lord Mark. Auch er braucht Geld, und sein Plan gleicht dem Kates: Er glaubt, durch eine kurze Ehe mit Milly zu Geld zu kommen. Ganz ohne Scheu reist er nach Venedig und macht Milly einen Heiratsantrag. Milly lehnt ab. Lord Mark begreift sofort, dass Densher sein glücklicherer Rivale ist, er horcht Milly aus und erfährt, dass der Grund ihrer Hoffnung Kates Lüge bezüglich ihrer Gefühle für Densher ist. Ein paar Wochen danach nimmt Lord Mark Rache. Er besucht Milly ein zweites Mal und erzählt ihr, dass Kate und Densher heimlich verlobt sind. Diese Nachricht ist ein tödlicher Schlag. Wenige Wochen später erhält Densher die Nachricht, dass Milly «ihr Gesicht zur Wand gedreht» habe.

Und so macht James Venedig zum aktiven Partner in diesem Maskenspiel aus Liebe und Verrat: Da ist zunächst der Palazzo Leporelli, die «Arche» in Milly Theales «Sintflut». Ihr *corriere* ist der «große Eugenio, den Großherzöge und Amerikaner empfohlen hatten», er begleitet und beschützt sie bei ihren Reisen auf dem Kontinent. Durch ihn wird der Gondoliere Pasquale weit übertroffen. Sind wir mit James vertraut, kennen wir diesen Typ, da wir seiner eher vulgären Variante vor allem in *Daisy Miller* schon begegnet sind. Eugenio findet den Palazzo für Milly, nachdem sie ihm erklärt hat:

«Bitte, wenn es geht, kein scheußliches, kein vulgäres Hotel in Venedig; wenn es sich einrichten lässt – Sie verstehen mich –, ein paar vornehme alte Räume, eine eigene Wohnung für ein paar Monate; viele Zimmer, je interessanter sie sind, desto besser; historisch und malerisch dürfen sie sein, aber auf keinen Fall nach Moder riechen: Teil eines Palastes, wo wir ganz unter uns sind, mit einem Koch – Sie wissen schon –, mit Dienstboten, Fresken, Gobelins, Antiquitäten, sodass man wirklich glauben könnte, man sei da für immer zu Hause.»

Sie bekommt, was sie sich wünscht:

«Noch nie hatte sie so stark wie an diesem Morgen empfunden, dass sie Besitz nahm, sich in das Besitzen einsinken ließ: voll dankbarer Freude, dass die Wärme

des südlichen Sommers sich noch in den hohen, über-
reich verzierten Räumen hielt, prunkvollen Gemä-
chern, deren harte, kühle Steinböden das Licht im
Glanz ihrer lebenslangen Politur reflektierten; Räumen, durch deren offene Fenster die Sonne vom leicht
bewegten Meer heraufflimmerte und über die gemalten
‹Szenen› an den herrlichen Decken tanzte – Medaillons
in Purpur und Braun von ehrwürdiger schwermütiger
Tönung, bossierte, umbänderte Medaillen wie aus al-
tem rotem Gold, alle mit der Zeit nachgedunkelt, ge-
fasst und verschnörkelt mit über und über vergoldetem
Muschelwerk, eingebettet in ihre große, mit Figuren
bevölkerte Höhlung (ein Nest voller weißer Cheru-
bim, freundlichen Luftwesen), und zu besonderer Wirkung gebracht durch eine zweite kleinere Lichtquelle,
Oberlichter direkt über der Straße, die alles taten, den
Ort zu einer Wohnung voll Würde und Pracht zu machen, trotz der unangenehm ins Auge fallenden Baede-
ker und Fotos von Millys Reisegefährtinnen.»
Und nun der Palast in einem ganz anderen Licht, so wie
er Densher erscheint, nachdem Milly durch Lord Mark
von seinem Betrug erfahren hat und daraufhin den Die-
nern erklärt, dass sie für Densher nicht mehr zu Hause
sei. Der arme Mann, gewohnt, allabendlich im Palazzo
Leporelli zu speisen, da er «nicht zu denen gehörte, die
fragen mussten, ob sie ihre Aufwartung machen dürften,
sondern ein für alle Mal seinen Platz unter den selbstverständlich im Palazzo ein und aus gehenden engen Freun-

den gefunden hatte», kommt während eines peitschenden Herbststurms zur Teezeit, um Milly und Mrs. Stringham, ihre Gesellschafterin, zu besuchen, und muss erfahren:

> «Wie es schien, empfing keine der beiden Damen, dennoch wollte Pasquale [Hausdiener und Gondoliere in einer Person] nicht sagen, dass sich eine von ihnen nicht wohl befand. Er war auch nicht bereit zu sagen, dass beide wohlauf seien, und – diese Betrachtung stellte Densher in Gedanken an – seine Worte wären völlig leer gewesen, hätte man diesen Ausdruck überhaupt auf die Mitglieder einer Menschenart anwenden können, für die Leere nur ein Nest aus Dunkelheit war – keine spiegelnde Oberfläche, sondern ein Schlupfwinkel, in dem unsichtbar etwas Obskures, immer Unheilverheißendes lauerte.»

Derart abgewiesen, verlangt Densher eine Unterredung mit dem großen Eugenio, der ihm bis dahin freundschaftlich begegnet war und dem er nun

> «drei lange Minuten hindurch, vorm Wetter geschützt, in der Galerie gegenüberstand, die von der Treppe am Wasser in den Hof führte … Schon am frühen Morgen war Sturm aufgekommen, der erste Seesturm in diesem Herbst, und fast aus Bosheit hatte Densher [Eugenio] die Außentreppe hinuntergehen lassen – jene massive Treppe, Hauptmerkmal des Hofes und Zugang zu Millys *piano nobile*. Damit sollte Eugenio etwas heimgezahlt werden – eine andere Chance ergab sich nicht –,

nämlich die vulgäre Meinung, der junge Mann aus London, gescheit und nicht reich, wolle Millys Vermögen auf die übliche Weise an sich bringen.»

Eugenio bleibt standhaft, Densher bekommt keinen Zutritt, und

«während sie sich eine lange Minute hindurch ansahen und alles ungesagt blieb, trug auch dieses Benehmen zu der plötzlichen Erschütterung von Denshers geschützter Stellung bei. Venedig war ein einziges Übel, das über sie alle in gleicher Weise hereingebrochen war, sodass sie in ihrer Angst beisammen gewesen wären, hätten sie sich nur darüber verständigen können; es war ein Venedig des peitschenden kalten Regens aus tief hängendem schwarzen Himmel und bösartiger, durch die engen Gassen tobender Winde, ein Venedig, in dem alles zum Stillstand gekommen und unterbrochen war, sodass die Leute, die ganz und gar mit und vom Wasser lebten, nun gestrandet und erwerbslos, gelangweilt und zynisch unter Arkaden und Brücken kauerten ...»

Jetzt verlässt Densher den Palazzo:

«Er brauchte Bewegung und ging trotz des Wetters zu Fuß, durch verwinkelte Gassen zur Piazza, wo die Bogengänge ihm Schutz bieten konnten. Hier unter den hohen Arkaden stand halb Venedig dicht zusammengedrängt, während am Molo, am Rand der offenen Fläche, die alten Säulen mit St. Markus und dem Löwen wie der Rahmen einer Tür waren, die für den Sturm weit offen steht ... mit Nässe und Kälte musste man jetzt rechnen, und genau deshalb war es Densher so, als habe er gesehen, wie der Spielraum eines Vertrauens, in dem sie alle lebten, mit einem Schlag ausgelöscht worden sei. Spielraum war sein Name dafür gewesen – für das Ding, das zwar lange standgehalten hatte, aber keine Erschütterung vertragen konnte. Die Erschütterung war eingetreten, und während er sich durch die flanierenden Müßiggänger drängte, ziellos wie sie, und die Augen blicklos über den Schund in den Schaufenstern schweifen ließ, fragte er sich, in welcher Form sie gekommen sein mochte. Stellenweise bestand das Pflaster der Arkaden aus quadratischen roten Marmorfliesen, die jetzt, von Salzspritzern übersprüht, glitschig waren; und der ganze Platz in seiner weiträumigen Eleganz, der Anmut seiner Gesamtanlage und der Schönheit im Einzelnen wirkte mehr denn je wie ein großer Salon, der Salon Europas, profaniert und verwirrt durch einen Unglücksfall.»

Fast genau in diesem Augenblick sieht Densher plötzlich bei einem Blick durch die Fenster des Florian im Innenraum des Cafés das Gesicht eines Bekannten; dieser

«saß gut sichtbar an einem kleinen Tisch, auf dem noch ein halb geleertes, offenbar vergessenes Glas stand, und obwohl er, während er sich zurücklehnte, eine französische Zeitung auf dem Schoß hielt – man konnte den Namen *Figaro* lesen –, starrte er doch auf die gegenüberliegende kleine Rokokowand.»

Es ist Lord Mark. Sofort begreift Densher, was geschehen ist. «Es war von großer Bedeutung für Densher», sagt uns James, «dass er seine Antwort bekommen hatte.»

> «Er hielt sie fest, drückte sie an sich, lehnte sich regelrecht an sie, als er seinen Rundgang wieder aufnahm … sie erklärte etwas – und das war viel, denn mit Erklärungen konnte er wohl umgehen. Sonst hätte der Hauch des Bösen in der Luft zu sehr dem Atem des Schicksals geglichen. Das Wetter war umgeschlagen, der Regen war scheußlich, der Wind widerwärtig, das Meer unmöglich, alles *wegen* Lord Mark.»

Für mein Verständnis ist dies ein Beispiel für meisterhaften Umgang mit Venedig, einer Meisterschaft, die nicht überwältigender sein könnte. Sie wird erreicht, weil Venedig in *Flügel der Taube* nicht zufällig vorkommt: Es gehört als integraler Bestandteil zum *dénouement* und Gelingen des Romans. Besonders der Palazzo Leporelli – diese wunderbare Schmuckschatulle, überzogen mit einer Patina aus großartiger Geschichte und vom Wasser umspült – macht es Milly für Augenblicke möglich, Sir Lukes Weisung zu befolgen: Hier kann sie Glück in beliebiger Form annehmen und erwirbt «das Gefühl zu leben». Vielleicht am deutlichsten zeigt das die folgende Passage, unmittelbar vor Lord Marks erstem Besuch:

> «Sie ging nun allein durch alle Räume, sie waren vornehm und ruhevoll, nur ein Hauch von der sommerlichen See rührte hier und da leicht an eine Gardine oder einen Fensterladen und bewegte die geschlosse-

nen Vorhänge sanft wie ein Atemzug. Sie hatte die Traumvorstellung, sie hielte an diesem Ort fest; Eugenio konnte vielleicht dafür sorgen, dass die schöne Vorstellung Wirklichkeit wurde. Sie war *in* ihm, in den Räumen aufgehoben wie in der Arche ihrer Sintflut, und erfüllt von so liebevollen Gefühlen für diese Arche, das war doch Grund und gutes Recht genug, oder nicht? Sie würde nie, niemals von hier fortgehen – das wollte sie sich geloben; mehr würde sie nicht verlangen, nur dies: fest und sicher in der Arche zu sitzen und sich von ihr immer weiter tragen zu lassen.»

Millys Palast ist nur in Venedig denkbar, nirgendwo sonst. Venedig ist eine kleine Stadt, in der Touristen mehrmals täglich die Piazza überqueren und dort aufeinandertreffen, sodass jeder, wenn er nicht gerade eine Maske trägt, mit unausweichlicher Sicherheit gesehen und erkannt wird, und diese Eigenschaft begünstigt das dénouement und macht die Erkennungsszene, in der Densher Lord Mark sieht, vollkommen überzeugend, denn es gibt nur eine sehr begrenzte Zahl von Gründen für Marks Anwesenheit, und Densher muss sofort begreifen, welche Katastrophe über ihn hereingebrochen ist.

Proust erlebte Venedig nicht annähernd so intensiv und persönlich wie James. Im Ganzen war er zweimal dort. Die erste dreiwöchige Venedigreise, mit seiner Mutter im Mai 1900 – zwei Jahre vor dem Erscheinen von *Die Flügel der Taube* –, war weitgehend eine Pilgerfahrt zu Ehren des Werks von John Ruskin. Der erste Teil von Prousts bedeutendem Artikel über Ruskin war in der *Gazette des Beaux Arts* erschienen; er übersetzte Ruskins *The Bible of Amiens*; er wollte die Baudenkmäler sehen, die Ruskin in *Stones of Venice* beschrieben und analysiert hatte. Im Oktober 1900 reiste er ein zweites Mal nach Venedig, aber Briefe mit Mitteilungen über diese Reise sind nicht überliefert. Die Maireise verlief nach allem, was man weiß, so unbeschwert, wie in Prousts Leben überhaupt möglich: Sein Freund Reynaldo Hahn und dessen Cousine Marie Nördlinger waren ebenfalls in Venedig; die drei Freunde erkundeten die Stadt gemeinsam. Prousts Englischkenntnisse waren damals noch sehr begrenzt, und Marie half ihm auch beim Korrekturlesen seiner Übersetzung. Drastisch verändert – Reynaldo und Marie kommen gar nicht vor, die Mutter dagegen ist sehr präsent – wird diese Venedigreise in dem fünfundzwanzig Jahre später veröffentlichten Roman *Die Flüchtige* zur zentralen Episode. Proust konnte selbst nicht mehr Korrektur lesen; 1922, in seinem Todesjahr, arbeitete er noch am Manuskript.

Die Flüchtige ist der sechste und vorletzte Band von *Auf der Suche nach der verlorenen Zeit*. Proust hielt diesen Roman für den schönsten Text, den er geschrieben hatte. Die Flüchtige des Titels ist Albertine, sie gehört zu den *jeunes filles en fleur*, den bezaubernden heranwachsenden Mädchen; der Erzähler, selbst noch nicht erwachsen, altklug und kränklich, begegnet ihr auf der Strandpromenade von Balbec und verliebt sich heftig in sie, aber erst, als er ihretwegen eifersüchtig wird. In *Die Gefange-*

ne, dem Roman, der der *Flüchtigen* vorangeht, geschieht das Unwahrscheinliche, dass Albertine als Freundin des Erzählers Zimmer an Zimmer mit ihm in der Wohnung seiner Eltern wohnt; wie eine junge Frau aus einer zwar armen, aber ehrbaren bürgerlichen Familie, selbst wenn sie Waise war wie Albertine, in der französischen Gesellschaft zu Beginn des zwanzigsten Jahrhundert auf ein solches Arrangement eingehen konnte, ist rätselhaft; wir müssen es auf Treu und Glauben hinnehmen. Der Erzähler stellt sie rund um die Uhr unter Bewachung: Er bewacht sie selbst oder gibt anderen den Auftrag dazu – seinem Chauffeur, ihrer besten Freundin Andrée, auch eine der *jeunes filles en fleur*, und sogar der gestrengen Françoise, dem Faktotum der Familie. Albertine wird zur Gefangenen des Erzählers. Seine Eifersucht ist für sie so unerträglich wie für ihn selbst; dass er sie lesbischer Affären verdächtigt und ungeschickte Versuche macht, ihr nachzuspionieren, dass er ihr droht – er jagt ihr gern Angst ein, indem er sagt, sie müssten sich trennen, und wenn er sie dann so lange unter moralischen Druck gesetzt hat, bis sie sich unterwirft, inszeniert er eine vorläufige Versöhnung –, all das erschöpft schließlich ihre Geduld. Am Ende von *Die Gefangene* schläft sich der Erzähler nach einer dieser Szenen lange aus. Als er endlich wach wird und nach Françoise klingelt, teilt diese ihm mit: «Fräulein Albertine hat ihre Koffer verlangt… um neun Uhr ist sie abgereist.» Die Gefangene ist entflohen. Das ist ein schlimmer Schlag und dazu ein *coup de théâtre*, denn vor dem Einschlafen hatte der Erzähler beschlossen – im Vertrauen darauf, dass er Albertine wieder in seiner Macht habe –, am nächsten Tag ohne Abschied von ihr nach Venedig zu reisen, in die Stadt, von der er seit Jahren schon träumte. Françoise hatte er gerufen, um sich von ihr einen Reiseführer für Venedig und ein Kursbuch besorgen zu lassen.

Die Flüchtige ist die Geschichte der Nachwirkung: der Erzähler erfährt, dass Albertine bei einem Unfall ums Leben gekommen ist; er unternimmt vergebliche Anstrengungen, die Geheimnisse ihrer Vergangenheit auszuforschen; er trauert um sie; in Venedig macht er die verstörende Entdeckung, dass er sie vergessen hat.

Was geschieht während des umgestalteten ersten Venedigaufenthalts, der, so behaupte ich kühn, zentral für die *Recherche* ist?

Die Frage kann man nicht beantworten, ohne auf die außerordentliche, einem Totem gleichende Bedeutung Venedigs in Prousts Meisterwerk einzugehen. In *In Swanns Welt* wird der Erzähler als kleiner Junge krank, und deshalb muss die Osterreise nach Venedig, die man ihm versprochen hat, ausfallen. Venedig wird ein Pendant zum mythischen Balbec und dessen «Kirche im persischen Stil». Aber der glühende Wunsch des Erzählers, nach Balbec zu fahren, erfüllt sich, weil seine Eltern meinen, das Klima werde ihm gut tun. Im Gegensatz dazu zerschlagen sich seine Hoffnungen, Venedig zu sehen – oder Florenz oder Padua und die Giottofresken von den

Tugenden und den Lastern –, wegen seiner schwachen Gesundheit immer wieder. Nach und nach wird Venedig in der Vorstellung des Erzählers eine unübertrefflich exotische Stadt, ein Bagdad am Wasser, Schauplatz für neue Märchen aus Tausendundeiner Nacht, Märchen von geheimnisvollen, verstohlenen sexuellen Abenteuern. Immer wenn sein eifersüchtiges Misstrauen gegen Albertine zeitweilig zur Ruhe kommt und in der Folge davon seine Liebe nachlässt, da Eifersucht zu ihren Bedingungen gehört, entwickelt er einen mentalen Tick, eine Manie – anders kann ich es nicht nennen –: Er meint, statt von Albertines ständiger Gegenwart gelangweilt zu sein, könne er in Venedig, weit weg von ihr, glücklich werden, Werke der von ihm bewunderten Meister betrachten und die Gunst junger Arbeiterinnen genießen, deren Pfade er in den Gassen des geheimen venezianischen Labyrinths kreuzen würde. Ein Maß für die Besessenheit des Erzählers ist die Häufigkeit, mit der Venedig in der *Recherche* erwähnt wird – dreiundzwanzigmal allein in *Die Gefangene.*

Der Beginn des Venedig-Abschnittes in *Die Flüchtige* signalisiert sofort, dass etwas Merkwürdiges geschieht, als der Erzähler seinen Reiseplan endlich verwirklicht hat:

«Ein drittes Mal kam mir meiner Erinnerung nach zum Bewusstsein, dass ich mich absoluter Gleichgültigkeit gegenüber Albertine näherte (und dieses letzte Mal in solchem Ausmaß, dass ich das Gefühl hatte, den Zustand der Gleichgültigkeit ganz und gar erreicht zu haben) an einem Tag – recht lange nach dem letzten Besuch Andrées – in Venedig.

Meine Mutter hatte mich für einige Wochen dorthin mitgenommen; da Schönheit sowohl in den bescheidensten wie in den kostbarsten Dingen liegen kann, empfing ich dort Eindrücke, die ich früher so oft in Combray gekannt hatte, jetzt aber umgesetzt in etwas ganz Anderes, Reicheres.»

Hier drängt sich die Frage auf, wieso dieser inzwischen erwachsene Mann, der seine Freundin monatelang in der Wohnung seiner Eltern ausgehalten und mit außergewöhnlichen Toiletten und Kunstgegenständen beschenkt hat, der sogar ernsthaft mit dem Gedanken umging, ihr einen Rolls-Royce und eine Segelyacht zu schenken und nach ihrem Verschwinden weiterhin ziemlich erstaunliche sexuelle Begegnungen hatte – mit sehr jungen Mädchen, mit Andrée, mit Prostituierten –, manchmal in der Wohnung seiner Eltern, die anscheinend nur von ihm und Françoise und vielleicht ein paar anderen Dienstboten bewohnt wird, jetzt auf einmal von seiner Mutter nach Venedig «mitgenommen» werden muss? Derselben Mutter, die, nebenbei bemerkt, während der Zeit von *Die Gefangene*, abgesehen von vereinzelten elegischen Briefen, ganz aus dem Blick geraten war und in *Die Flüchtige* an der zitierten Stelle zum ersten Mal wieder vorkommt. Kann es sein, dass die erste unmittelbare Assoziation, die den Erzähler überfällt, als er sich endlich in Venedig befindet, Combray ist? (Combray ist die erfundene kleine Stadt in der Beauce, Teil des Herzogtums Guermantes, aus der die Familie des Erzählers stammt; er verbrachte als Kind dort seine Ferien. Combray steht unter anderem für Werte und Verhaltenscodes, die unabänderlich und ganz und gar französisch sind.) Aber folgendes geschieht: Als am Morgen der Hoteldiener die Fensterläden des Schlafzimmers öffnet, sieht der Erzähler «den goldenen Engel auf dem Campanile von San Marco» und kann bei diesem Anblick nur wahrnehmen, wie die venezianische Architektur und das Leben auf den Kanälen und der Piazza San Marco ein Echo des Lebens in Combray in ihm wecken. Das ist natürlich eine Verbeugung vor Ruskin, der meinte, die Architektur gotischer Kirchen sei nur eine Erweiterung profaner Architektur, aber diese Verbeugung ist zu tief und zu gekünstelt. Sofort und unmittelbar begegnen wir der Mutter und den gequälten Gefühlen des Erzählers für sie. Darauf folgt ein Bild von großer Schönheit; es zeigt den Balkon des Hotels am Canal Grande, an dessen Balustrade die Mutter sitzt, um nach der Gondel Ausschau zu halten, die den Erzähler am Ende seines morgendlichen Ausflugs zum Mittagessen zurückbringen wird. Er wiederum kann von der Gondel aus zwischen den Säulen der Balustrade den weißen Schal schimmern sehen, den sie seinetwegen angelegt hat, um ihm zu zeigen, dass sie in Gedanken bei ihm ist. Eine andere Überraschung erwartet uns, als wir in Venedig Personen wiederbegegnen – der Marquise de Villeparisis, einer Freundin der Großmutter des Erzählers, dazu M. de Norpois, dem alten Liebhaber der Marquise, und Madame Sazerat, einer Nachbarin aus Combray –, die in *Die Gefangene* von der Bühne des Romans verschwunden waren und die man für tot hätte halten können. Noch merkwürdiger ist es, dass der Erzähler einen langen Dialog zwischen der Marquise und M. de Norpois belauschen kann und danach sogar eine Unterhaltung zwischen dem Paar und einem italienischen Diplomaten, der an den Tisch der beiden kommt, um die Marquise zu begrüßen – das ist fast eine Wiederaufnahme der großen Szene in *Sodom und Gomorra,* als der Erzähler von seinem Kellerversteck aus die erste amouröse Begegnung zwischen Baron de Charlus und Jupien beobachtet.

Man mag versucht sein, diese Seltsamkeiten damit zu erklären, dass *Die Flüchtige* erst nach Prousts Tod veröffentlicht wurde und dass er seine Überarbeitung des Manuskripts nicht einmal annähernd abschließen konnte (*Die Gefangene* und *Die wiedergefundene Zeit,* der letzte Band der *Recherche,* wurden ebenfalls posthum veröffentlicht), oder man könnte meinen, sie seien Beispiele für Prousts zwanghafte Verwendung bestimmter Kunstmittel – zu denen unerwartete *rapprochements* an Landschaften, Überraschungsbegegnungen und Metamorphosen von Charakteren gehören –, die er vielleicht oder vielleicht auch nicht in einem korrigierten Manuskript getilgt oder geändert hätte. Ich halte dies für eine falsche Folgerung. Meiner Meinung nach ist das Gegenteil richtig: Diese Merkwürdigkeiten finden sich inmitten wunderbarer Beschreibungen Venedigs und sind deshalb in voller

Absicht an ihren Platz gestellt; sie sollen anzeigen, wie der Erzähler sich dem großartigen venezianischen Schauspiel entzieht, kaum dass er endlich in Venedig angekommen ist. Meine Lesart ist verträglich mit den Lektionen, die der Erzähler in Venedig lernt, und mit der wachsenden Selbsterkenntnis, die er dort gewinnt und schließlich in *Die wiedergefundene Zeit* vollendet.

Die Lektion, die ich zuerst erwähnen möchte, weil sie unmittelbar auf Albertine zielt, besagt, dass Liebe vollständig enden kann und wird, sodass der Erzähler, selbst wenn sich wie durch ein Wunder herausstellte, dass Albertine nicht tot ist – und genau dies scheint die Botschaft eines entstellten Telegramms zu sein, das ihm im Hotel ausgehändigt wird –, keine Freude über diese Nachricht empfinden würde. Gründe für den Untergang einer Liebe sind das Vergehen der Zeit und die Veränderung des Menschen, der diesen Untergang überlebt, eine Veränderung, welche die Zeit bewirkt, indem sie die Erinnerung an die einst geliebte Person auslöscht. Der Erzähler stellt fest, dass er sich einfach nicht mehr an Albertine erinnern kann. Er bemerkt:

«Nur selten erholt sich ein Witwer oder ein untröstlicher Vater von seinem Verlust nicht in derselben Zeitspanne, die einem Krebskranken bis zu seinem Tod bleibt.»

Zweitens lernt er, dass die Erinnerung an eine in der Vergangenheit geliebte Person unter einer besonderen Bedingung lebendig bleiben kann. Diese Bedingung ist dann erfüllt, wenn das Gedächtnis die betreffende Person mit einem Kunstwerk in Zusammenhang bringt – denn Kunstwerke existieren unabhängig von den Wechselfällen unseres Erinnerungsvermögens. Zu dieser Entdeckung verhilft dem Erzähler das Baptisterium von San Marco, das er mit seiner Mutter zusammen besichtigt:

«Da meine Mutter sah, dass ich mich lange vor den Mosaiken aufhalten wollte, die die Taufe Christi darstellen, legte sie, als sie die eisige Kälte spürte, die von der Decke des Baptisteriums niederfiel, mir einen Schal um die Schultern. Während ich mit Albertine in Balbec war, glaubte ich, sie gebe eine jener inkonsistenten Illusionen zu erkennen, von denen der Kopf so vieler nicht ganz klar denkender Leute voll ist, als sie mir von dem – meiner Meinung nach auf nichts beruhenden – Vergnügen sprach, das sie darin finden würde, irgendein Gemälde mit mir zusammen zu betrachten. Heute bin ich mir zumindest gewiss, dass ein Vergnügen darin besteht, eine schöne Sache mit einer bestimmten Person, wenn auch nicht zu sehen, so doch wenigstens einmal gesehen zu haben. Für mich ist die Stunde gekommen, da es mir nicht gleichgültig ist (…), dass in diesem kühlen Halbschatten neben mir eine Frau stand, die sich in ihre Trauer mit der verehrungsvoll enthusiastischen Glut jener alten Frau hüllte, die man in Venedig auf der *Heiligen Ursula* von Carpaccio sehen kann, und dass diese Frau mit den roten Wangen und den traurigen Augen in ihren schwarzen Schleiern – eine Frau, die keine Macht der Welt für mich von dem von sanftem Licht durchfluteten Heiligtum von San Marco je wieder wird trennen können, in dem ich sie vielmehr, das weiß ich mit Gewissheit, immer wiederfinden werde, weil sie dort wie ein Mosaik ihren für sie ausgesparten, unverrückbaren Platz hat – meine Mutter ist.» Nachdem der Erzähler das eherne Gesetz des Vergessens entdeckt hat, wird seine Liebe zu Albertine noch ein einziges Mal *fast* wieder lebendig: als er in der Accademia auf Carpaccios Gemälde des Patriarchen von Grado einen Mantel sieht – ein venezianischer Edelmann im Vordergrund des Bildes trägt ihn –, in dem er das Modell für ein Kleidungsstück wiedererkennt, das der große Designer und Couturier Fortuny kopierte und das der Erzähler kaufte und Albertine schenkte. Sie trug den Mantel am letzten gemeinsamen Abend bei einer Fahrt nach Versailles. «Ich hatte alles wiedererkannt», berichtet uns der Erzähler,

> «und da der vergessene Mantel mir, damit ich ihn recht betrachtete, noch einmal die Augen und das Herz desjenigen gegeben hatte, der an jenem Abend mit Albertine nach Versailles hatte aufbrechen wollen, wurde ich für ein paar Sekunden von einem verworrenen, bald wieder von mir weichenden Gefühl von Verlangen und Wehmut überwältigt.»

Gegenstand der dritten Lektion ist die völlige Bedeutungslosigkeit von Orten – in diesem Zusammenhang Venedigs –, wenn sie entleert von dem emotionalen Inhalt sind, mit dem nur wir sie füllen können. Diese Lektion lernt der Erzähler, als er nach einem Streit mit seiner Mutter und nachdem er ihr erklärt hat, er werde nicht mit ihr nach Paris zurückfahren, bei einem Getränk auf der Terrasse seines Hotels sitzt und hört, wie in einem Boot auf dem Kanal jemand *O sole mio* singt. Der Erzähler – er liebt die Musik Wagners und Vinteuils (ein erfundener Komponist, für den wahrscheinlich César Franck Modell gestanden hat) – ist von dem banalen Lied wie hypnotisiert und scheint unfähig, sich von der Stelle zu rühren, obwohl er weiß, dass seine Mutter schon am Bahnhof sein wird und er ihr sofort folgen muss, denn sonst wird er allein in Venedig sein, «allein mit dem Wissen, ihr Schmerz zugefügt zu haben, und ohne den Trost ihrer Gegenwart». Während diese Lähmung seines Willens anhält, bemerkt er:

«Die Dinge waren mir fremd geworden, ich hatte nicht mehr genügend Ruhe, aus meinem klopfenden Herzen herauszutreten und ihnen eine gewisse Festigkeit zu verleihen. Die Stadt, die ich vor mir hatte, war Venedig nicht mehr. Ihre Persönlichkeit, ihr Name schienen mir nichts weiter als trügerische Fiktionen zu sein, die ich den Steinen nicht mehr aufzuprägen wagte. Die Paläste schienen auf ihre einfachen Bestandteile reduziert, waren nur noch beliebige Marmorblöcke, und das Wasser des Kanals war nichts weiter als eine Verbindung aus Wasserstoff und Sauerstoff, ewig, blind, vor der Zeit und außerhalb des Raums von Venedig, ohne eine Ahnung von Dogen und Turner. Gleichwohl aber war dieser belanglose Ort seltsam wie eine Stätte, an der man anlangt und die einen noch nicht kennt, oder wie eine, die man verlassen und die uns bereits vergessen hat. Ich konnte ihm nichts mehr von mir sagen, nichts mehr von mir auf ihn übergehen lassen, er beschränkte mich auf mich selbst, ich war nur noch ein klopfendes Herz und eine Aufmerksamkeit, die angespannt dem Ablauf von *O sole mio* folgte. Ich mochte noch so verzweifelt mein Denken an den schönen charakteristischen Schwung des Rialto heften; in seiner offenkundigen Mittelmäßigkeit als Brücke schien er in meinen Augen der Vorstellung, die ich von ihm hatte, nicht nur unterlegen, sondern auch so fremd zu sein wie ein Schauspieler, von dem wir wissen, dass er trotz blonder Perücke und schwarzer Kleidung nicht Hamlet ist. So waren auch die Paläste, der Kanal, der Rialto, von der Vorstellung entkleidet, die ihre Individualität ausmachte, und in ihre gewöhnlichen Stoffelemente zersetzt.»

Welche Rolle hat Venedig in dieser Episode? Die Stadt soll schlüssig darstellen, dass sie für sich genommen bedeutungslos ist – Venedig ist nichts als ein Gefäß, das aufnimmt, was der Erzähler – und in der Verlängerung auch der Leser – für die Erfahrung, dort zu sein, mitbringt. Die Venedigreise markiert einen Wendepunkt in Prousts Roman: die definitive Wendung nach innen. Schauplatz des Romans ist von diesem Punkt an nicht mehr die Außen-

welt der Namen und Orte, die den Erzähler zu Beginn seiner Lebensreise so bezaubert hat, sondern die Innenwelt
seines Bewusstseins.

Hauptort der Handlung von Thomas Manns Novelle
Der Tod in Venedig, vielleicht der bekanntesten Darstel-
lung Venedigs in der Dichtung, ist – paradox genug – nicht
Venedig, sondern der Lido. Gustav von Aschenbach, der
Protagonist, stirbt nicht in Venedig; er stirbt am Strand
des Lido. Der Tod in Venedig ist nicht Aschenbachs Tod,
sondern die tödliche Seuche, die die Stadt heimsucht.
Aschenbach ist ein gefeierter deutscher Schriftsteller von
gut fünfzig Jahren, der in München lebt, er hat viel Ähnlichkeit mit Thomas Mann, ist aber deutlich älter als dieser zur Zeit der Niederschrift: Mann war 1911, als er den
Tod in Venedig begann, erst knapp sechsunddreißig Jahre
alt. Durch unablässig harte Arbeit und Strenge gegen sich
selbst wandelt Aschenbach seinen Stil

«ins Mustergültig-Feststehende, Geschliffen-Her-
kömmliche, Erhaltende, Formelle, selbst Formelhafte,
und wie die Überlieferung es von Ludwig XIV. wissen
will, so verbannte der Alternde aus seiner Sprachweise
jedes gemeine Wort».

Manns ironischer Ton hebt diese zusätzliche Ähnlichkeit
noch hervor. Zurzeit fällt Aschenbach die Weiterarbeit
an dem Werk, das er begonnen hat, allzu schwer. Beim
Nachdenken über den Grund der Hemmung meint er:

«Hier bot sich keine außerordentliche Schwierigkeit,
sondern was ihn lähmte, waren die Skrupel der Unlust,

die sich als eine durch nichts mehr zu befriedigende Ungenügsamkeit darstellte. ... Rächte sich nun also die geknechtete Empfindung, indem sie ihn verließ, indem sie seine Kunst fürder zu tragen und zu beflügeln sich weigerte ... dies wenigstens war der Vorteil seiner Jahre, daß er sich seiner Meisterschaft jeden Augenblick in Gelassenheit sicher fühlte. Aber er selbst, während die Nation sie ehrte, er ward ihrer nicht froh, und es schien ihm, als ermangle sein Werk jener Merkmale feurig spielender Laune, die ein Erzeugnis der Freude ... bildeten. ... Und so tat denn eine Einschaltung not, etwas Stegreifdasein, Tagedieberei, Fernluft und Zufuhr neuen Blutes, damit der Sommer erträglich und ergiebig werde. Reisen also, – er war es zufrieden. Nicht sehr weit ... Eine Nacht im Schlafwagen und eine Siesta von drei, vier Wochen an irgendeinem Allerweltsferienplatz im liebenswürdigen Süden ...»

Zuerst lässt er sich auf einer Insel an der istrischen Küste nieder. Er merkt, dass sie ihm missfällt. «Ein Zug seines Inneren» versetzt ihn in Unruhe, er studiert Schiffsverbindungen,

«und auf einmal, zugleich überraschend und selbstverständlich, stand ihm sein Ziel vor Augen. Wenn man über Nacht das Unvergleichliche, das märchenhaft Abweichende zu erreichen wünschte, wohin ging man?»

Nach Venedig, oder aber, wie es sich ergibt, zum Lido, ins «Bäderhotel», wo Aschenbach den bezaubernden Tadzio findet, einen vierzehnjährigen, unglaublich schönen, bleichen, honigblonden polnischen Jungen aus adliger Familie, der dort mit seiner Mutter, den älteren Schwestern und einer Gouvernante weilt. Aschenbach verliebt sich auf der Stelle heftig in ihn. Am Strand kann er die Augen nicht von Tadzio lassen, er folgt der Familie, wenn sie mit dem Knaben Ausflüge nach Venedig macht, er stellt ihm nach und so fort. Aschenbachs Leidenschaft wächst, und das Wetter in Venedig wird heiß und schwül; der Scirocco weht; der Himmel ist bleiern. Aschenbach weiß, dass er abreisen müsste. Die erhoffte Gesundheit und belebende Energie hat er am Lido nicht gefunden und fühlt sich zunehmend beklommen. Aber ihm fehlt die Entschlusskraft zur Abreise; vielmehr ist klar, dass er bleiben wird, solange Tadzio bleibt. Wochen vergehen. In Venedig nimmt er den süßlichen Geruch von Desinfektionsmitteln wahr. Aschenbach schöpft Verdacht. Bemerkungen des Hotelfriseurs und mehr oder weniger versteckte Andeutungen in den deutschen Zeitungen bestärken diesen Verdacht. Eine Unterhaltung mit einem Clerk in einem englischen Reisebüro, einem noch jungen Mann «von jener gesetzten Loyalität des Wesens, die im spitzbübisch behenden Süden so merkwürdig anmutet», beseitigt den letzten Zweifel: Die indische Cholera ist auf dem Seeweg in die Stadt eingeschleppt worden, und Venedigs Obrigkeit versucht, den Ausbruch der Seuche geheim zu halten, aus Angst, die Touristen zu verlieren. Der Angestellte schildert die mittlerweile entstandene Lage in Venedig: Die Korruption des Magistrats zusammen mit «der herrschenden Unsicherheit, dem Ausnahmezustand, in welchen der umgehende Tod die Stadt versetzte, brachte eine gewisse Entsittlichung der unteren Schichten hervor, eine Ermutigung lichtscheuer und antisozialer Triebe, die sich in Unmäßigkeit, Schamlosigkeit und wachsender Kriminalität bekundete … die gewerbsmäßige Liederlichkeit nahm aufdringliche und ausschweifende Formen an, wie sie sonst hier nicht bekannt und nur im Süden des Landes und im Orient zu Hause gewesen waren.»

«Sie täten gut», rät er Aschenbach, «lieber heute als morgen zu reisen.»

Aschenbach denkt über diese dringende Empfehlung nach und erwägt auch

«eine reinigende und anständige Handlung. Er konnte heute abend nach dem Dinner der perlengeschmückten Frau sich nähern und zu ihr sprechen, was er wörtlich entwarf: ‹Gestatten Sie dem Fremden, Madame, Ihnen mit einem Rat, einer Warnung zu dienen … Reisen Sie ab, mit Tadzio und Ihren Töchtern! Venedig ist verseucht.› … Aber er fühlte zugleich, daß er unendlich weit entfernt war, einen solchen Schritt im Ernste zu wollen. Er würde ihn zurückführen, würde ihn sich selbst wiedergeben; aber wer außer sich ist, verabscheut nichts mehr, als wieder in sich zu gehen … der Gedanke an Heimkehr, an Besonnenheit, Nüchternheit, Mühsal … widerte ihn in solchem Maße, daß sein Gesicht sich zum Ausdruck heftiger Übelkeit verzerr-

te. ‹Man soll schweigen!› flüsterte er heftig. Und: ‹Ich
werde schweigen!› Das Bewußtsein seiner Mitwisser-
schaft, seiner Mitschuld berauschte ihn … Das Bild der
heimgesuchten und verwahrlosten Stadt … entzünde-
te in ihm Hoffnungen, unfaßbar, die Vernunft über-
schreitend und von ungeheuerlicher Süßigkeit … Was
galt ihm noch Kunst und Tugend gegenüber den Vor-
teilen des Chaos. Er schwieg und blieb.»

Damit ist Aschenbachs moralischer Zusammenbruch besiegelt. Er lässt sich vom Hotelfriseur kosmetisch behan-
deln: das Gesicht schminken, die Augenbrauen zupfen und
die Haare färben; er erlaubt sich, den Blick Tadzios zu suchen und festzuhalten, als er ihm und seiner Familie durch
Venedig folgt; er stiehlt «sich einer unziemlichen Hoffung
nach». Eines Nachts träumt er eine heidnische Orgie von
maßloser Heftigkeit. Dionysos, *der fremde Gott*, wird
von seinem zottigen, menschlich-tierischen Gefolge gefeiert, sein obszönes Symbol aus Holz wird «enthüllt und
erhöht». Aschenbach nimmt teil an der Orgie:

«Mit ihnen, in ihnen war der Träumende nun und dem
fremden Gott gehörig. Ja, sie waren er selbst, als sie rei-
ßend und mordend sich auf die Tiere hinwarfen und
dampfende Fetzen verschlangen, als auf zerwühltem
Moosgrund grenzenlose Vermischung begann, dem
Gotte zum Opfer. Und seine Seele kostete Unzucht
und Raserei des Untergangs.»

Ein paar Tage später fühlt sich Aschenbach leidend – «er
hatte mit gewissen nur halb körperlichen Schwindelanfäl-

len zu kämpfen» –, kommt später als gewöhnlich in die Lobby des Hotels und erfährt, dass die polnische Adelsfamilie nach dem Mittagessen abreisen wird. Das Gepäck steht schon in der Halle, aber noch ist Zeit. Er geht zum Strand, setzt sich in seinen Liegestuhl und beobachtet wie immer Tadzio und dessen Freunde. Ein nicht ganz spielerischer Ringkampf zwischen Tadzio und einem älteren Jungen macht Aschenbach Angst; der ältere Junge drückt Tadzio in den Sand. Als er ihn freigibt, steht das schöne Kind auf und geht langsam zu einer Sandbank. Von dort aus blickt es über die Schulter zum Ufer. Aschenbach folgt ihm mit den Augen.

«Ihm war …, als ob der bleiche und liebliche Psychagog dort draußen ihm lächle, ihm winke; als ob er, die Hand aus der Hüfte lösend, hinausdeute, voranschwebe ins Verheißungsvoll-Ungeheure. Und wie so oft machte er [Aschenbach] sich auf, ihm zu folgen.»

Ein Psychagoge führt wie Hermes die Seelen gerade Gestorbener ins Jenseits. Dies ist das Signal für das abrupte Ende der Erzählung:

«Minuten vergingen, bis man dem seitlich im Stuhle Hinabgesunkenen zu Hilfe eilte. Man brachte ihn auf sein Zimmer. Und noch denselben Tag empfing eine respektvoll erschütterte Welt die Nachricht von seinem Tode.»

Der Zusammenhang zwischen dem *Tod in Venedig* und dem Leben Thomas Manns ist augenfällig. Mann war sein Leben lang bisexuell, er zeugte trotz seiner ausgeprägten, unablässigen und sorgsam verborgenen Vorliebe für Knaben und junge Männer sechs Kinder. Bis 1975 waren seinem breiteren Publikum weder seine Geschmacksrichtung noch seine spezifischen Verbindungen bekannt; von diesem Zeitpunkt an, zwanzig Jahre nach seinem Tod, waren die gut fünftausend Seiten seiner Tagebücher, die er nicht vernichtet hatte, einzusehen. Thomas Mann war mehrmals in Venedig. Die Reise nach Venedig, oder besser zum Lido, die Aschenbachs gleicht, fand 1911 statt. Thomas und Katia Mann begannen ihre Sommerferien auf Brioni – der Insel, die Aschenbachs erstes Reiseziel ist –, aber ganz wie er waren sie enttäuscht vom Wetter und den felsigen Stränden. Auch ihr nächstes Reiseziel war der Lido, sie kamen wie Aschenbach mit dem Schiff nach Venedig und wohnten wie er im *Hôtel des Bains*. Und unter den Hotelgästen war eine polnische Familie mit einem schönen, verwöhnten, zur fraglichen Zeit kränkelnden elfjährigen Jungen – nicht Tadzio, sondern Wladzio, genauer: Wladislaw Moes. Als Manns Erzählung 1923 in polnischer Übersetzung erschien, erkannte sich Wladzio darin wieder und erinnerte sich an den «alten Mann», der ihm mit den Blicken überallhin folgte. In Venedig gab es 1911 keine Seuche. Aber in Palermo herrschte eine Cholera-Epidemie.

Nun muss ich mich der Frage zuwenden, auf die ich eine Antwort finden wollte: Wie nutzte Thomas Mann Venedig für diese sehr komplexe Geschichte, abgesehen davon, dass er die Stadt mit unnachahmlicher Anmut schilderte? Ein Beispiel für die Kunst seiner Schilderung muss genügen. Hier ist Aschenbach, an Deck des Dampfers, mit dem er aus Pola kam, auf der Höhe der Riva degli Schiavoni:

> «So sah er ihn denn wieder, den erstaunlichsten Landungsplatz, jene blendende Komposition phantastischen Bauwerks, welche die Republik den ehrfürchtigen Blicken nahender Seefahrer entgegenstellte, die leichte Herrlichkeit des Palastes und der Seufzerbrücke, die Säulen mit Löw' und Heiligem am Ufer, die prunkend vortretende Flanke des Märchentempels, den Durchblick auf Torweg und Riesenuhr, und aufschauend bedachte er, daß zu Land, auf dem Bahnhof in Venedig anlangen einen Palast durch eine Hintertür betreten hieße, und daß man nicht anders als wie nun er, als zu Schiff, als über das hohe Meer die unwahrscheinlichste der Städte erreichen sollte.»

Die gesuchte Antwort: Thomas Mann setzt Venedig auf brillante Weise als Metapher ein: Die Stadt ist eine Fiebertabelle der Stationen von Aschenbachs Zusammenbruch. Aschenbachs moralischer Zerfall ist der Sieg des rohen, fremden Gottes Dionysos. Die Dichotomie des apollinischen und des dionysischen Prinzips liegt in Thomas Manns erzählerischem Werk häufig dicht unter der Oberfläche, so wie der innere Kampf des Künstlers, der dem dionysischen Prinzip zuneigt und sich dem apollinischen verpflichtet hat. Wie weit sollte der Künstler der Versuchung durch die Freiheit und die Unordnung nachgeben? Wenn er sich beherrscht, an welchem Punkt droht ihm dann der Verlust der Spontaneität und der Freude? Aschenbach ist verloren, weil er sich von der Leidenschaft zu weit treiben lässt; ohne jeden Vorbehalt schluckt er den Köder, den der fremde Gott für ihn ausgelegt hat.

Folgendermaßen nutzt Thomas Mann Venedig zur Illustration von Aschenbachs moralischem Niedergang. Zuerst wird das Wetter dumpf und drückend, sobald Aschenbach Tadzios Zauber erliegt:

«Landwind ging. Unter fahl bedecktem Himmel lag das Meer in stumpfer Ruhe, verschrumpft gleichsam, mit nüchtern nahem Horizont und so weit vom Strande zurückgetreten, daß es mehrere Reihen von Sandbänken freiließ. Als Aschenbach sein Fenster öffnete, glaubte er den fauligen Geruch der Lagune zu spüren.»

Einmal steht Tadzio im Hotellift nahe bei Aschenbach; der Schriftsteller bemerkt, dass Tadzios Zähne

«nicht recht erfreulich waren: etwas zackig und blaß, ohne den Schmelz der Gesundheit … Er ist sehr zart, er ist kränklich, dachte Aschenbach. Er wird wahrscheinlich nicht alt werden. Und er verzichtete darauf, sich Rechenschaft von einem Gefühl der Genugtuung oder Beruhigung zu geben, das diesen Gedanken begleitete.»

Am selben Nachmittag fährt er «mit dem Vaporetto über die faul riechende Lagune nach Venedig». Noch hat er keinen Verdacht, dass die Epidemie ausgebrochen sein könnte, trinkt Tee auf der Piazza und macht dann einen Spaziergang durch die Straßen:

«Eine widerliche Schwüle lag in den Gassen; die Luft war so dick, daß die Gerüche, die aus Wohnungen, Läden, Garküchen quollen, Öldunst, Wolken von Parfüm und viele andere in Schwaden standen, ohne sich zu zerstreuen. Zigarettenrauch hing an seinem Orte und entwich nur langsam. Das Menschengeschiebe in der Enge belästigte den Spaziergänger, statt ihn zu unterhalten. Je länger er ging, desto quälender bemächtigte sich seiner der abscheuliche Zustand, den die Seeluft zusammen mit dem Scirocco hervorbringen kann. ... Die Augen versagten den Dienst, die Brust war beklommen, er fieberte, das Blut pochte im Kopf. Er floh aus den drangvollen Geschäftsgassen über Brücken in die Gänge der Armen. Dort behelligten ihn Bettler, und die üblen Ausdünstungen der Kanäle verleideten das Atmen. Auf stillem Platz, einer jener vergessen und verwunschen anmutenden Örtlichkeiten, die sich im Inneren Venedigs finden, am Rande eines Brunnens rastend, trocknete er die Stirn und sah ein, daß er reisen müsse.»

Er macht sich auf den Rückweg zur Piazza San Marco.

«Am nächsten Gondel-Halteplatz nahm er ein Fahrzeug und ließ sich durch das trübe Labyrinth der Kanäle unter zierlichen Marmorbalkonen hin, die von Löwenbildern flankiert waren, um glitschige Mauerecken, vorbei an trauernden Palastfassaden, die große Firmenschilder im Abfall schaukelnden Wassers spiegelten, nach San Marco leiten. ... und wenn die bizarre

Fahrt durch Venedig ihren Zauber zu üben begann, so tat der beutelschneiderische Geschäftsgeist der gesunkenen Königin das Seine, den Sinn wieder verdrießlich zu ernüchtern.»

Später – den Plan, aus Venedig abzureisen, hat er inzwischen aufgegeben –, liebt Aschenbach sogar den «leis fauligen Geruch von Meer und Sumpf» – er atmet ihn jetzt in tiefen Zügen ein. Und er beobachtet Tadzio:

«Bald kannte der Betrachtende jede Linie und Pose dieses so gehobenen, sich frei darstellenden Körpers, begrüßte freudig jede schon vertraute Schönheit aufs neue und fand der zarten Sinnenlust kein Ende.»

Als er den Verdacht hat, die Epidemie sei ausgebrochen, empfindet Aschenbach

«eine dunkle Zufriedenheit über die obrigkeitlich bemäntelten Vorgänge in den schmutzigen Gäßchen Venedigs, – dieses schlimme Geheimnis der Stadt, das mit seinem eigensten Geheimnis verschmolz …»

An einem Sonntag folgt er der polnischen Familie zur Messe in San Marco. Danach macht die Familie eine Gondelfahrt durch Venedig; Aschenbach nimmt ebenfalls eine Gondel und weist den Gondoliere an, dem anderen Fahrzeug unauffällig zu folgen – der Mann versichert ihm «mit der spitzbübischen Erbötigkeit eines Gelegenheitsmachers», er werde tun wie befohlen. Sie gleiten an Postkartenansichten vorbei, und Aschenbach sagt sich:

«Das war Venedig, die schmeichlerische und verdächtige Schöne, – diese Stadt, halb Märchen, halb Fremdenfalle, in deren fauliger Luft die Kunst einst schwelgerisch aufwucherte …»

Der Titel der Novelle, die Seuche in der Stadt und Aschenbachs Tod am Strand des Lido, in einem letzten Versuch, seinem bezaubernden Psychagogen zu folgen, runden die Metapher ab.

Meinen «venezianischen» Roman *Mistlers Abschied* habe ich 1997 geschrieben und 1998 veröffentlicht. Die Romanhandlung beginnt in New York, als der Protagonist Thomas Mistler, ein Werbemogul mit außergewöhnlichem Talent und einigem Glanz, von seinem Arzt erfährt, dass er Leberkrebs hat. Wenn er eine Operation, Chemotherapie und so weiter ablehnt – und diese Entscheidung trifft Mistler sofort und ein für alle Mal –, dann hat er noch ungefähr sechs Monate zu leben. Mistler ist Anfang sechzig, schwerblütig, dominant, kraftvoll, verheiratet mit einer Frau, für die er wenig Liebe und wenig Achtung empfindet. Seinen einzigen Sohn dagegen liebt er tief, vielleicht ehrfürchtig, aber die Beziehung der beiden ist angespannt und mit Schuldgefühlen belastet. Angesichts der schlimmen Nachricht empfindet Mistler

«ganz widersinnig und unverkennbar eine große Freude. Der Horizont würde nicht länger in unbestimmter Ferne verschwinden. Was ihm an Zeit und Raum noch übrig blieb, war klar umrissen – eine Befreiung für ihn.»

Ihm kommt der Gedanke, dass er jetzt, solange er sich noch ganz gesund fühlt, bevor er, in den Worten des Arztes, «kämpfen muss wie ein Löwe», sich etwas Besonderes gönnen sollte, etwas, wovon er in der Zeit, die ihm noch bleibt, zehren könnte. Er entscheidet sich für zehn Tage gelassener Leere in Venedig,

> «dem einzigen Ort auf der Erde, an dem nichts ihn störte. Dazu benötigte er weder Erkundung noch Planung. Er wusste, wo er wohnen und welches Zimmer er bestellen wollte; er wusste ebenfalls, wie man den Touristen aus dem Weg ging, die auf dem Markusplatz Tauben fütterten oder gleich einem hässlichem Schiff im Schlepptau des Lotsen einem geschwätzigen, polyglotten Menschen mit aufgespanntem Regenschirm folgten.»

Kein Wunder, dass er beschließt, allein zu reisen, bevor er seine Frau und seinen Sohn in Kenntnis setzt; ein langes Wochenende oder eine ganze Woche mit Gesprächen zu dritt über den Krebs: Das entspricht nicht seiner Vorstellung von einer besonderen Freude.

Von da an ist Venedig Schauplatz der Handlung. Mistler streift durch die Stadt, hat eine Art Four-Night-Stand mit einer jungen Frau, die unaufgefordert in seinem Hotelzimmer landet, trifft nach einer Pause von vierzig Jahren seine erste Liebe wieder, quält sich mit Erinnerungen an seine Eltern, seine Frau und einen ehemaligen Unternehmenspartner, der auch ein ehemaliger enger Freund war, und findet vielleicht einen Weg zur Verständigung mit seinem Sohn. Am Nachmittag seines letzten Tages verabschiedet er sich von seiner großen Liebe und beschließt dann auf dem Rückweg von der Giudecca zu seinem Hotel, dass er nicht noch einmal die Stufen zur Accademia-Brücke hinaufsteigen und sich mühsam einen Weg durch den Schwarm schwatzender Senegalesen und ihre Waren auf dem Campo San Stefano bahnen will. Vielmehr wird er an den Zattere entlang zur Dogana laufen, um die Inselspitze herum bis zu Santa Maria della Salute gehen und, wenn die Kirche offen ist, noch einmal einen Blick auf die Deckengemälde Tizians werfen. Er hofft, dass der *traghetto* noch fährt. Aber der Bucintoro-Ruderclub hält seine Aufmerksamkeit gefangen. Er ist selbst ein erfahrener Ruderer und kommt mit einem kleinen, dunkelhäutigen alten Mann ins Gespräch, der bei den Einern und den Rennbooten sitzt und ein Ruderlager repariert. Der Mann lädt ihn ein, am nächsten Tag wieder vorbeizukommen; vielleicht werde dann in einem Boot ein Platz für ihn frei sein, falls ein Clubmitglied verhindert sei. Morgen ist zu spät, sagt Mistler, aber da er gerade die Passage zwischen San Giorgio und der Giudecca aufmerksam betrachtet hat, fragt er sich, ob diese Begegnung nicht ein Zeichen sein mag. Er erkundigt sich, ob er einen Einer kaufen könne. Ein Rennboot steht nicht zum Verkauf, aber der alte Mann bietet ihm ein Boot ohne Ausleger, einen Wherry, «gedrungen und schwarz glänzend wie ein langer Sarg», an. Mistler sieht die Vorteile dieses Bootes:

«Man konnte damit aufs Meer hinaus, wenn die Tage kurz wurden, am frühen Abend, ungefähr eine Stunde vor Sonnenuntergang, wenn der Wind sich legte. Das

Ende der Giudecca steuerbord, aus dem Auge, aus dem Sinn. Voraus liegt der Lido. An seinem Ende San Pietro in Volta … Zwischen beiden die enge Passage von Malamocco … Die letzten Sonnenstrahlen blenden, der Bug zeigt auf die Stelle, wo der Mond aufgehen wird. Die Wasserfläche weiträumig.»

Der Verkauf findet statt, Mistlers Obolus wechselt den Besitzer. Der Leser ist Zeuge der Vorbereitung einer Aktion geworden, die früher oder später, in ein paar Monaten vielleicht Mistlers Abgang sein mag oder auch nicht.

Warum spielt meine Geschichte in Venedig? Bevor ich mit dem Schreiben anfing, hatte ich eine ganze Weile darüber nachgedacht, was ich tun würde, wenn ich plötzlich und unerwartet erfahren müsste, dass ich innerhalb sehr kurzer Zeit sterben würde, aber wie Mistler noch Kraft hätte und, abgesehen von dem, was mich umbringen sollte, noch vollkommen funktionierte, sodass also weder der Operationstisch – vorstellbar nur zur Verhinderung von Schmerzen, die Medikamente nicht mehr beherrschen können –, noch die hoffentlich wahrscheinlichere Alternative, ein Ende eigener Machart, unmittelbar nötig wären. Das war das Dilemma, mit dem ich mich auseinander setzen wollte. Manchmal sagte ich mir, ich würde dann einfach nur das tun, was ich im Normalfall tue: in New York bleiben, ins Büro gehen, aufs Land fahren und wieder zurückkommen. Eine große Veränderung würde ich allerdings einführen: Ich würde sehr viel mehr Zeit mit meiner Frau verbringen. Vielleicht würden wir jeden Wochentag zusammen zu Mittag essen. Alles in allem, so sann ich vor mich hin, gefällt mir mein Leben. Trotzdem kam mir gelegentlich – in den kurzen Anfällen von Bitterkeit, zu denen solche Reflexionen führen – der Gedanke, ich würde vielleicht gern ein paar freie Tage für mich allein haben, Zeit zur Gewissenserforschung ohne eine Zeugin, die ich kenne und liebe und die mich so gut kennt, dass ihr nur wenig von dem, was mir durch den Kopf geht, verborgen bleibt. Dann kam mir unausweichlich Venedig in den Sinn, denn wie Mistler weiß ich, dass mich an Venedig nichts stört, und, wieder wie Mistler, kenne ich Venedig so gut, dass ich ganz zwanglos mit der Stadt umgehen kann, wie mit einem alten Freund, mit dem keine Unterhaltung nötig ist, sodass ich mich folglich nicht gezwungen fühle, Museen, Kirchen und sonstige zum Pflichtprogramm gehörenden Baudenkmäler zu besichtigen. Die anderen Themen des Buches – vor allem die Beziehungen zwischen einem Vater und seinen Kindern, das Ausüben von Macht und die zerstörerische Wirkung der Macht auf diejenigen, die sie ausüben – verfolgen mich ständig und kommen in allen meinen Romanen in der einen oder anderen Form zum Vorschein.

Natürlich hatte ich die Romane meiner großen Vorgänger im Kopf, insbesondere Thomas Mann, denn in gewisser Weise würde ich gegen ihn schreiben. Mein Mistler mag einmal ein Schriftsteller gewesen sein, hat aber nach einem entmutigenden Anfang aufgegeben. Auf seine Weise arbeitete er an einem Illusionismus eigener Machart genauso hart wie Aschenbach und hielt sich ebenso wie dieser an eine Form apollinischer Disziplin, die geeignet war, ihm auf seinem Arbeitsgebiet glänzenden Erfolg zu verschaffen. Aschenbach kam nach Venedig mit der Hoffnung, neue Kräfte zu sammeln, und fand auf dem Lido den Tod; Mistler sah in New York seinem Tod ins Auge und fand in Venedig ein klareres Bild von seinem Leben. Ich will meine Beschreibungen Venedigs nicht mit den Schriften meiner großen Vorgänger vergleichen, und ich hatte nicht das Gefühl, ich müsse meine Texte an ihren messen. Ich wusste, der Versuch, die «Stadt der öffentlichen Ausstellung» auf meinen Buchseiten lebendig werden zu lassen, würde mir Freude machen.

Eine naheliegende Frage drängt sich dem Leser vielleicht auf: Warum war diese mächtige Konkurrenz nicht einschüchternd für mich, warum schreckte sie mich nicht vom Thema Venedig ab? Es ist eben so, dass man furchtlos, sogar tollkühn sein muss, um Belletristik zu schreiben. Jede Seite, die man in der Absicht verfasst, sie der Familie oder Freunden zu zeigen oder gar zu veröffentlichen, ist eine ungeheure, atemberaubende Trotzhandlung. Weltweit ächzen Bibliotheken unter der Last erzählerischer Werke. Täglich kommen neue dazu. Wenige Schauveranstaltungen können dies unumwundener vorführen oder Autoren in schwärzere Gedanken treiben als die Frankfurter Buchmesse mit ihren endlosen Kilometern von Büchern zu allen Themen in allen Sprachen. Konkurrenz, wenn man sich darüber Sorgen machen möchte, ist überall. Kein lohnenswertes Thema, das nicht schon von großen Autoren in großen Romanen oder kleinen Geschichten erschöpfend behandelt wäre, und kein glamouröser Schauplatz, der nicht schon verwendet wäre. Ich habe in den letzten Wochen einen neuen Roman zu Ende gebracht, mit einem Thema, das man die Gefahren des Ehebruchs nennen könnte. Hätte ich die Hoffnung, ihn zu schreiben, aufgeben sollen, weil niemand – ich jedenfalls sicher nicht – erwarten darf, *Anna Karenina* oder *Madame Bovary* zu erreichen oder gar zu übertreffen? Ohnehin schreiben ernst zu nehmende Romanautoren nicht, um ein noch unbewohntes literarisches Territorium zu besetzen, sie sehen sich auch nicht beim Schreiben besorgt über die Schulter, um zu entdecken, was Rezensenten und Kritikern in dem neuen Werk missfallen mag. Machen sich Autoren aber solche Sorgen, dann sind sie meiner Ansicht nach zum Scheitern verdammt. Dann sollten sie das Schreiben lieber lassen, ausgenommen natürlich den Fall, sie können ihr täglich Brot, und was nach den heutigen Standards für gesunde Ernährung dazu gehört, nicht auf andere Art verdienen. Ich schreibe aus einer Art innerem Zwang, der mich vorantreibt, zum Glück aber auch, weil ich im Schreiben ein seltsames und starkes Vergnügen finde – das Gefühl, Schreiben sei eine Tätigkeit, deren Wert außer Frage steht, auch wenn ich unaufhörlich am Wert dessen, was ich geschrieben habe, Zweifel hege.

Venedig habe ich in einer Proust nicht ganz fremden Art verwendet: Mistler hat Venedig, das er liebt, vor Augen. Er sieht es deutlich und ist bewegt und erheitert. Aber er ist in einem Stadium, da alles, was seinen unerledigten Arbeiten – vor allem seiner Beziehung zu seinem Sohn – äußerlich ist, nur eine ironische Hintergrundmusik seiner Gedanken sein kann. Aber kein gewöhnlicher Ort, überhaupt kein Ort außer Venedig hätte eine Hintergrundmusik von solcher Schönheit bieten können, und nur Venedig erlaubt einen so dramatischen Gegensatz zwischen innerer und äußerer Realität.

Als ich *Asperns Nachlaß, Die Flügel der Taube* und *Der Tod in Venedig* wieder las, war ich überrascht, dass sich das inhärent Venezianische in den letzten hundertfünfzig Jahren kaum verändert hat, und trotzdem ist die Stadt heute so wenig ein Museum oder ein Bühnenbild wie in jener Zeit, als Milly Theale im Palazzo Leporelli hätte leben wollen, wenn sie hätte leben können. Mit einer Einschränkung: Die Gondel mit dem Gondoliere, der zum Wohl komatöser Touristen *O sole mio* oder *Santa Lucia*, zwei erstaunlich unvenezianische Lieder, ins Mikrophon grölt, ist in meinen Augen eine Pest, der nur die Tauben von San Marco gleichkommen. Kaum zu glauben, dass Proust diese Vögel den Flieder von Venedig genannt hat. In *Italian Hours* rät Ihnen Henry James:

«Der Gondoliere ist Ihr sehr guter Freund … Er ist Teil Ihres täglichen Lebens, Ihr Doppel, Ihr Schatten, Ihre Ergänzung.»

Milly hat ständig zwei Gondeln und zwei Gondoliere zur Verfügung. Als Merton Densher der Zutritt zum Palast, also auch zu den Gondeln, verwehrt wird, muss er zu Fuß gehen, und das macht ihn so bitter wie einen alten Beau mit zerrissenen Sohlen in New York, den niemand von einem Funktaxi zur Party abholen lässt. Meiner Ansicht nach bewegt sich der Erzähler in *Die Flüchtige* nur per Gondel durch Venedig. Er macht dunkle Andeutungen über Streifzüge zu Fuß durch abgelegene *campi* und *rii*, auf der Suche nach jungen Arbeiterinnen, aber da glaube ich ihm kein Wort. Ich stelle mir vor, dass für den Erzähler wie für Aschenbach irgendein Gondoliere den spitzbübischen Gelegenheitsmacher abgab. Als ich vor einem halben Jahrhundert zum ersten Mal nach Venedig kam, leistete ich mir eine Gondel vom Bahnhof bis San Marco – die Bruchbude, in der ich wohnen sollte, lag ganz in der Nähe –, und diese Extravaganz habe ich nie bereut. Mistler kommt es gar nicht in den Sinn, eine Gondel zu mieten; wenn er nicht zu Fuß geht, fährt er so wie ich mit dem Vaporetto, inzwischen mein liebstes Fortbewegungsmittel, und dann macht er sich einen Spaß daraus, seinen Obolus nicht zu bezahlen – wieder so wie ich.

VENICE.

VENEZIA.

VENEDIG.

Published under the Superintendence of the Society for the
Diffusion of Useful Knowledge.